하루 10개 초등 영어 단어 80일 완성!

반드시 알아야 할 초등 영단어 800

박병륜 지음 | 참쌤스쿨(정예림·하선영·하지수) 그림

MIXCOFFEE

+

"아빠, 영어가 너무 재미있어요."

제 아이가 영어를 처음 배우기 시작한 여섯 살 때 했던 말입니다. 유치원 선생님께서 재미있는 율동과 챈트로 가르쳐 주셨던 덕분에 아이는 집에 와서도 영어 노래를 흥얼 거리며 자신이 배운 걸 아빠에게 가르쳐 주곤 했습니다. 초등학교에 입학하면서도 아 이는 언제나 영어를 좋아했고, 각종 애니메이션의 영어 노래와 대사를 즐겁게 따라 하는 모습에 영어 교사인 아빠는 흐뭇한 미소를 짓곤 했습니다.

+

"아빠, 이젠 영어가 재미없어요."

초등학교 고학년이 된 아이가 요즘 자주 하는 말입니다. 초등학교 고학년이 되면서 영어 단어의 철자를 외우는 숙제를 하기 시작했고, 점점 아이의 얼굴에는 미소가 사 라지면서 영어에 대한 흥미가 급격히 떨어졌음을 느끼곤 합니다. 하지만 초등학교를 졸업하기 전에 영어 단어를 많이 알아 놔야 중학교 때 고생하지 않는다는 걸 누구보 다 잘 알고 있는 현직 중학교 영어 교사인 아빠는 아이에겐 미안하지만 단어 공부를 계속 시킬 생각입니다.

"아빠가 도와줄게."

이 책은 단독 집필로는 제 네 번째 책인데요. 영어 교사로서뿐만 아니라 초등학생 학부모의 마음으로 진심을 담아 집필했습니다. '어떻게 하면 내 아이가 그리고 그 또래의 초등학생들이 영어 단어를 쉽고 재미있게 공부할 수 있을까?'라는 질문을 시작으로 지난 1년간 매일 밤 서재에서 다음과 같은 질문을 스스로에게 던지며 초등 영어 단어 학습의 표본이 될 수 있는 교재를 만들기 위해 노력했습니다.

첫째, 출판사가 달라도 모든 영어 교과서에 적용되는 어휘 교재를 만들 수는 없을까?

영어 교과서 집필자들은 교과서에 사용하는 어휘들을 '영어과 교육과정'에서 제시하는 초등 어휘 리스트 안에서 고르는데요. '2022 개정 교육과정' 속 어휘 리스트 안에는 총 800개의 단어가 제시되어 있고, 이 책 속에 이 800개의 단어를 모두 정리했습니다. 따라서 여러분이 어떤 출판사의 교과서로 공부하든 이 책에 소개된 800개의 단어를 알면 교과서 내용을 이해하는 데 큰 도움이 될 것입니다.

둘째, 단어는 예문을 통해 익히는 게 중요한데, 예문만으로 충분할까?

영어 단어를 공부할 때는 예문을 통해 맥락을 머릿속에 떠올리면서 하는 게 좋지만 어린 초등학생들에게는 이 방법이 쉽지 않습니다. 따라서 이 책에는 예문뿐만 아니라 관련 이미지도 실었는데요. 페이지별로 일부 단어에만 삽화를 제시하는 것이 아닌 800개 모든 단어에 삽화를 제공했으며, 초등학생들을 누구보다 잘 아는 현직 초등학교 선생님 세 분이 직접 그려 주셨습니다.

+

셋째, 단어의 뜻만 제시하면 학습량이 부족하지 않을까?

Day 1에서 80까지의 모든 페이지에는 'Word Plus+'라는 코너를 넣었습니다. 여기에는 800개 단어와 관련이 있는 어휘들, 즉 유의어, 반의어, 파생어, 연관어, 불규칙동사 변화 등에 관한 정보를 담았습니다. 또한 주의해야 할 점이 있는 단어들에는 간단한 Tip을 적어 놓아서 학생들이 추후 학교 시험에서 실수하지 않게 도움을 주고자 했습니다. 여러분이 'Word Plus+' 코너에 있는 어휘들까지 모두 공부한다면 800개가 아닌 총 1천 개 이상의 영어 단어를 학습하게 되는 것입니다.

+

넷째, 이 정도는 다른 교재들과 비슷한 거 아닌가?
조금 더 재미있게 공부할 수 있는 교재일 수는 없을까?

위 세 가지 정도의 구성을 갖추고 있는 영어 단어 교재는 시중에도 많이 나와 있을 겁니다. 이에 조금 더 차별화된 방법이 담긴 교재로 구성하고자 스마트폰 앱을 활용할 수 있는 장치를 마련했습니다. 스마트 기기를 활용한 학습에 익숙한 요즘 초등학생들을 위해 국내 영단어 학습 1등 앱인 '클래스카드'와 협력하여 800개 모든 단어를 세트로 만들어 무료 제공하였고, 학생들은 책으로 공부한 이후 앱을 활용한 게임 방식으로 반복 학습할 수 있습니다.

+

다섯째, 일상생활을 하면서 책에서
공부한 단어들을 자연스럽게 복습할 수는 없을까?

800개의 단어를 한 장에 담은 대형 포스터를 함께 제작하였습니다. 책과 함께 제공되는 영단어 포스터를 공부방 벽에 혹은 거실 한 곳에 붙여 놓고 수시로 학습해 보세요. 단어는 한 번 봐서는 외우기 쉽지 않습니다. 이 책을 통해 예문과 이미지 그리고 앱을 활용해 공부하고 동시에 일상생활 속에서 집 안을 왔다 갔다 하는 동안 벽면에 적힌 단어들을 자주 들여다보면 훨씬 빠른 시간 안에 마스터할 수 있을 것이라 믿습니다.

보통 영어를 요리에 비유하곤 합니다. 이때 단어는 요리 재료에 해당하겠지요. 요리 실력이 좋은 일류 요리사도 재료가 부족하다면 맛있는 음식을 만들어 내기 쉽지 않을 겁니다. 여러분도 영어라는 맛있는 요리를 마스터하기 위해 좋은 재료들(단어)을 많이 확보하길 바랍니다. 학생들에게 20년 이상 영어를 가르쳐 온 현직 영어 교사의 경험을 바탕으로, 또한 영어 교과서 집필자로서의 전문 지식을 바탕으로, 마지막으로 초등학생 자녀를 둔 아빠로서의 사랑을 담아, 초등학교 수준에서 꼭 알아야 하는 필수 영어 단어들을 이 한 권의 책에 담았습니다. 이 책을 선택한 모든 분이 영어 단어에 대한 자신감을 한층 더 업그레이드할 수 있기를 희망하며, 한 번 읽고 버리는 책이 아닌 평생 서재에 보관하며 어휘 공부에서 길을 잃을 때마다 꺼내 보는 그런 길잡이 책이 되기를 바랍니다.

지은이 **박병륜**

1

교육부 지정 초등 필수 영어 단어 800개를 정리했어요.

- '2022 개정 교육과정'에서 제시한 초등학교 어휘 800개를 모두 담았어요.
- 모든 단어에는 유의어, 반의어 등의 관련 어휘들이 제시되어 있어요.
  (따라서 이 책 한 권으로 총 1천 개 이상의 어휘를 학습할 수 있지요.)

2

하루에 딱 10개의 단어만 학습할 수 있도록 구성했어요.

- 800개의 단어를 Day별로 10개씩 총 80일에 완성할 수 있게 디자인했어요.
- 80일만 공부하면 초등학교 영어 교과서 속 단어들을 마스터할 수 있어요.

3

현직 초등학교 선생님들이 직접 그리신 이미지를 넣었어요.

- 모든 단어에는 2개의 예문과 1개의 관련 삽화가 들어 있어요.
- 모든 삽화는 '참쌤스쿨' 소속 현직 초등학교 선생님 세 분이 그리셨어요.

영어 단어 학습 1등 앱, 【클래스카드】를 통해 게임처럼 공부할 수 있어요.

● 이 책에 소개한 800개의 어휘는 【클래스카드】 앱에 세트로 구성되어 있어요.

 【클래스카드】 앱을 다운받고 세트를 검색해 보세요.

Search... 반드시 알아야 할 초등 영단어 800 🔍

● 스마트 기기를 활용하여 게임을 하면서 재미있게 단어를 외울 수 있어요.

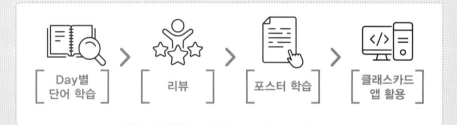

[Day별 단어 학습] > [리뷰] > [포스터 학습] > [클래스카드 앱 활용]

800개의 모든 단어가 한 장으로 정리된 대형 포스터 단어장을 무료로 드려요.

● 부록으로 제공되는 대형 포스터 단어장을 내 방 벽면에 부착해 보세요.
● 일상생활 속에서 자연스럽게 공부할 수 있어요.

이 책의 구성

Day 표시

Day 1부터 80까지 하루에
10개씩 총 800단어를 공부
할 수 있도록 구성했어요.

난이도

기초가 부족한 학생들은 별표
1개짜리부터 공부해 보세요.

발음기호

예문

단어별로 예시 표현 및 예문
을 넣었어요.

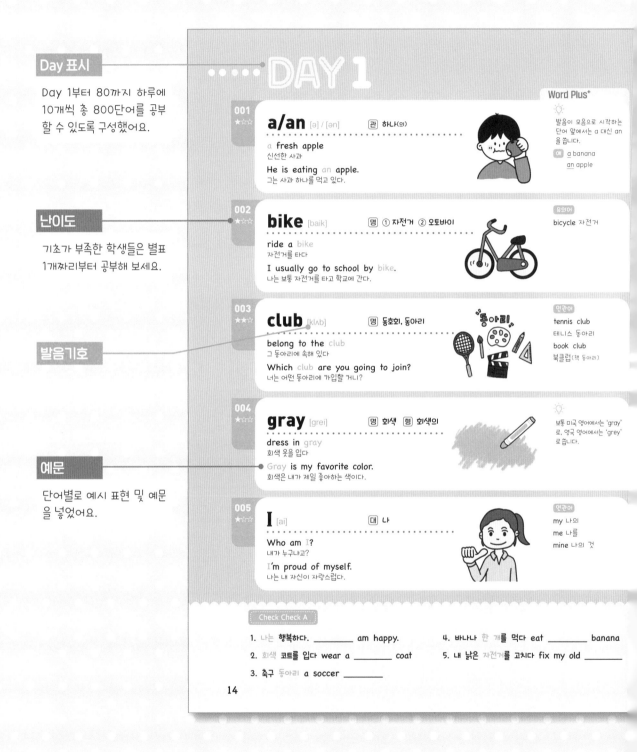

DAY 1

Word Plus⁺

001 ★☆☆

a/an [ə] / [ən]   관 하나(의)

a fresh apple
신선한 사과

He is eating an apple.
그는 사과 하나를 먹고 있다.

발음이 모음으로 시작하는
단어 앞에서는 a 대신 an
을 씁니다.

예 a banana
an apple

002 ★☆☆

bike [baik]   명 ① 자전거 ② 오토바이

ride a bike
자전거를 타다

I usually go to school by bike.
나는 보통 자전거를 타고 학교에 간다.

유의어

bicycle 자전거

003 ★★☆

club [klʌb]   명 동호회, 동아리

belong to the club
그 동아리에 속해 있다

Which club are you going to join?
너는 어떤 동아리에 가입할 거니?

연관어

tennis club
테니스 동아리
book club
북클럽(책 동아리)

004 ★☆☆

gray [grei]   명 회색 형 회색의

dress in gray
회색 옷을 입다

Gray is my favorite color.
회색이 내가 제일 좋아하는 색이다.

보통 미국 영어에서는 'gray'
로, 영국 영어에서는 'grey'
로 씁니다.

005 ★☆☆

I [ai]   대 나

Who am I?
내가 누구냐고?

I'm proud of myself.
나는 내 자신이 자랑스럽다.

연관어

my 나의
me 나를
mine 나의 것

Check Check A

1. 나는 행복하다. _____ am happy.

2. 회색 코트를 입다 wear a _____ coat

3. 축구 동아리 a soccer _____

4. 바나나 한 개를 먹다 eat _____ banana

5. 내 낡은 자전거를 고치다 fix my old _____

14

10

006
★★☆

king [kiŋ]   명 왕

become a king
왕이 되다

He was a great king.
그는 위대한 왕이었다.

연관어
queen 왕비
prince 왕자
princess 공주

이미지

800개 단어에 모두 관련된
삽화를 실었어요.

007
★★★

newspaper [njú:zpeipər]   명 신문

a daily / weekly newspaper
일간지/주간지

My grandpa reads the newspaper every morning.
우리 할아버지는 매일 아침 신문을 읽으신다.

연관어
news 소식
magazine 잡지

008
★☆☆

read [ri:d]   동 읽다

read about an interesting fact
흥미로운 사실에 관해 읽다

I will read the book slowly and quietly.
나는 그 책을 천천히 그리고 조용히 읽을 것이다.

불규칙동사
(현재) read
(과거) read
[e]
(과거분사) read
[e]

추가 정보

모든 단어에 유의어, 반의어,
파생어, 연관어, 관련 Tip 등
을 제시했어요.

009
★★★

south [sauθ]   명 남쪽 형 남쪽의

in the south
남쪽에, 남부 지역에

They flew to the south for the winter.
그들은 겨울을 위해 남쪽으로 날아갔다.

연관어
east 동쪽(의)
west 서쪽(의)
north 북쪽(의)

품사와 뜻

명 명사   대 대명사   동 동사
형 형용사   부 부사   전 전치사
접 접속사   감 감탄사   관 관사
조 조동사   한 한정사

010
★★☆

trip [trip]   명 여행

go on a trip
여행을 가다

She is excited about the trip.
그녀는 그 여행에 신이 나 있다.

유의어
travel 여행(하다)
journey 여행

확인 문제

Check Check B

1. 신문을 구입하다 buy a _____
2. 왕과 여왕 the _____ and the queen
3. 그 이야기를 읽다 _____ the story
4. 멋진 여행을 하다 have a great _____
5. 남쪽으로부터 오다 come from the _____

15

DAY 1 Review

리뷰 A – 영단어 쓰기

우리말 해석에 맞는 영어
단어를 써 보는 활동이에요.

A. Korean to English

1. 신문	n_____	6. 여행	t_____
2. 나	_____	7. 회색, 회색의	g_____
3. 남쪽, 남쪽의	s_____	8. 왕	k_____
4. 자전거	b_____	9. [관사] 하나(의)	_____
5. 읽다	r_____	10. 동호회, 동아리	c_____

리뷰 B – 빈칸 채우기

본문에서 공부했던 예문을 읽
으면서 빈칸에 알맞은 단어
를 쓰는 활동이에요.

B. Missing Words

bike	newspaper	south	I	an

1.

_____'m proud of myself.
나는 내 자신이 자랑스럽다.

2.

He is eating _____ apple.
그는 사과 하나를 먹고 있다.

16

12

3.

I usually go to school by _____.

나는 보통 자전거를 타고 학교에 간다.

4.

They flew to the _____ for the winter.

그들은 겨울을 위해 남쪽으로 날아갔다.

5.

My grandpa reads the _____ every morning.

우리 할아버지는 매일 아침 신문을 읽으신다.

C. Crossword

4

	1			
2		5		
	3			

ACROSS

1. 동호회, 동아리

2. 왕

3. 읽다

리뷰 C – 퍼즐

재미있는 퍼즐 게임(Crossword, Word Search, Unscramble)을 통해 리뷰해 보는 활동이에요.

영단어 800 포스터

이 책에 나오는 초등 필수 영단어 800개를 한 장의 포스터에 담았어요. 내 방 벽에 붙여 놓고 공부해 보세요.

이 책의 차례

주제별 영단어

DAY 1

Word Plus⁺

001
★☆☆

a/an [ə] / [ən]　　관 하나(의)

a fresh apple
신선한 사과

He is eating an apple.
그는 사과 하나를 먹고 있다.

발음이 모음으로 시작하는
단어 앞에서는 a 대신 an
을 씁니다.

예 a banana
　 an apple

002
★☆☆

bike [baik]　　명 ① 자전거 ② 오토바이

유의어

bicycle 자전거

ride a bike
자전거를 타다

I usually go to school by bike.
나는 보통 자전거를 타고 학교에 간다.

003
★★☆

club [klʌb]　　명 동호회, 동아리

연관어

tennis club
테니스 동아리

book club
북클럽(책 동아리)

belong to the club
그 동아리에 속해 있다

Which club are you going to join?
너는 어떤 동아리에 가입할 거니?

004
★☆☆

gray [grei]　　명 회색　형 회색의

dress in gray
회색 옷을 입다

Gray is my favorite color.
회색은 내가 제일 좋아하는 색이다.

보통 미국 영어에서는 'gray'
로, 영국 영어에서는 'grey'
로 씁니다.

005
★☆☆

I [ai]　　대 나

연관어

my 나의
me 나를
mine 나의 것

Who am I?
내가 누구냐고?

I'm proud of myself.
나는 내 자신이 자랑스럽다.

Check Check A

1. 나는 행복하다. _____ am happy.

2. 회색 코트를 입다 wear a _____ coat

3. 축구 동아리 a soccer _____

4. 바나나 한 개를 먹다 eat _____ banana

5. 내 낡은 자전거를 고치다 fix my old _____

006
★★☆

king [kiŋ]　　　명 왕

become a king
왕이 되다

He was a great king.
그는 위대한 왕이었다.

Word Plus⁺

연관어

queen 왕비
prince 왕자
princess 공주

007
★★★

newspaper [njú:zpeipər]　　명 신문

a daily / weekly newspaper
일간지/주간지

My grandpa reads the newspaper every morning.
우리 할아버지는 매일 아침 신문을 읽으신다.

연관어

news 소식
magazine 잡지

008
★☆☆

read [ri:d]　　　동 읽다

read about an interesting fact
흥미로운 사실에 관해 읽다

I will read the book slowly and quietly.
나는 그 책을 천천히 그리고 조용히 읽을 것이다.

불규칙동사

(현재) read
(과거) read
[e]
(과거분사) read
[e]

009
★★★

south [sauθ]　　명 남쪽　형 남쪽의

in the south
남쪽에, 남부 지역에

They flew to the south for the winter.
그들은 겨울을 위해 남쪽으로 날아갔다.

연관어

east 동쪽(의)
west 서쪽(의)
north 북쪽(의)

010
★★☆

trip [trip]　　　명 여행

go on a trip
여행을 가다

She is excited about the trip.
그녀는 그 여행에 신이 나 있다.

유의어

travel 여행(하다)
journey 여행

Check Check B

1. 신문을 구입하다 buy a _____

2. 왕과 여왕 the _____ and the queen

3. 그 이야기를 읽다 _____ the story

4. 멋진 여행을 하다 have a great _____

5. 남쪽으로부터 오다 come from the _____

15

DAY 1 Review

A. Korean to English

1. 신문   n_____

2. 나   _____

3. 남쪽, 남쪽의   s_____

4. 자전거   b_____

5. 읽다   r_____

6. 여행   t_____

7. 회색, 회색의   g_____

8. 왕   k_____

9. [관사] 하나(의)   _____

10. 동호회, 동아리   c_____

B. Missing Words

| bike | newspaper | south | I | an |

1.

_____'m proud of myself.

나는 내 자신이 자랑스럽다.

2.

He is eating _____ apple.

그는 사과 하나를 먹고 있다.

16

3.

I usually go to school by _____.

나는 보통 자전거를 타고 학교에 간다.

4.

They flew to the _____ for the winter.

그들은 겨울을 위해 남쪽으로 날아갔다.

5.

NEWS

My grandpa reads the _____ every morning.

우리 할아버지는 매일 아침 신문을 읽으신다.

C. Crossword

4

1 ☐ ☐ ☐ ☐

2 ☐ ☐ 5 ☐

3 ☐ ☐ ☐

ACROSS

1. 동호회, 동아리

2. 왕

3. 읽다

DOWN

4. 여행

5. 회색, 회색의

DAY 2

Word Plus⁺

011 ★★☆

about [əbáut]

전 ~에 대한 부 약, 대략, ~쯤

talk about the book
그 책에 대해 이야기하다

This is a story about a brave soldier.
이건 한 용감한 군인에 관한 이야기다.

연관어
of ~중의
in ~(안)에
with ~와 함께
from ~로부터

012 ★★☆

bill [bil]

명 ① 계산서 ② 지폐
③ (새의) 부리

bring the bill
계산서를 가져오다

I asked the waiter for the bill.
나는 웨이터에게 계산서를 요청했다.

유의어
check 계산서
beak (새의) 부리

013 ★★☆

coat [kout]

명 외투, 코트 동 덮다

put on a long coat
긴 코트를 입다

She is wearing a coat.
그녀는 코트를 입고 있다.

연관어
jacket 재킷

014 ★☆☆

end [end]

명 끝, 마지막
동 끝내다, 끝나다

at the end of the week
주말에

The rabbit found a carrot at the end of the road.
토끼는 그 길의 끝에서 당근을 발견했다.

유의어
finish 끝나다
be over 끝나다

반의어
begin 시작하다
start 시작하다

015 ★☆☆

great [greit]

형 큰, 대단한, 위대한

do a great job
잘 해내다

Jeffrey is a great rapper.
Jeffrey는 대단한 래퍼이다.

유의어
good 좋은
excellent 훌륭한

Check Check A

1. 위대한 여성 a _____ woman

2. 약 5분 전에 _____ five minutes ago

3. 계산서를 요청하다 ask for the _____

4. 그 영화의 마지막 the _____ of the movie

5. 겨울 코트가 필요하다 need a winter _____

18

016
★★☆

kiss [kis]

동 키스하다, 입 맞추다
명 입맞춤, 키스

kiss her on the cheek
그녀의 뺨에 키스하다

She gave him a good night kiss.
그녀는 그에게 굿나잇 키스를 했다.

Word Plus⁺

숙어

give ~ a kiss
~에게 키스를 하다

017
★★☆

next [nekst]

형 ① 다음의 ② 옆의
부 ① 그다음에 ② 옆에

the next person
다음 사람

Let's move to the next room.
옆방으로 이동합시다.

유의어

following
다음의, 다음에 계속되는

018
★★★

ready [rédi]

형 준비가 된

Everything is ready.
모든 것은 준비되었다.

I'm ready to leave.
나는 출발할 준비가 되었다.

동사와 함께 사용할 때는
「be ready to + 동사원형」
형태를 사용합니다.

예 I'm ready to go.
나는 갈 준비가 되었어.

019
★★★

space [speis]

명 ① 공간 ② 우주

a large space
넓은 공간

I want to travel in space.
나는 우주를 여행하고 싶다.

유의어

room 공간, 방

연관어

astronaut 우주 비행사

020
★★☆

truck [trʌk]

명 트럭

a truck driver
트럭 운전사

This is my uncle's new truck.
이건 우리 삼촌의 새로운 트럭이다.

연관어

car 자동차
bus 버스
taxi 택시

Check Check B

1. 트럭을 운전하다 drive a _____

2. 주문할 준비가 된 _____ to order

3. 다음 날 the _____ day

4. 서로에게 키스하다 _____ each other

5. 주차 공간을 갖고 있다 have a parking _____

19

DAY 2 Review

1. 다음의, 옆의   n_____   6. 외투, 코트, 덮다   c_____

2. 끝, 마지막   e_____   7. 키스하다   k_____

3. 트럭   t_____   8. ~에 대한, 대략   a_____

4. 계산서, 지폐   b_____   9. 준비가 된   r_____

5. 공간, 우주   s_____   10. 큰, 대단한   g_____

B. Missing Words

great	end	space	coat	truck

1.

She is wearing a _____.
그녀는 코트를 입고 있다.

2.

I want to travel in _____.
나는 우주를 여행하고 싶다.

20

3.

Jeffrey is a _____ rapper.

Jeffrey는 대단한 래퍼이다.

4.

This is my uncle's new _____.

이건 우리 삼촌의 새로운 트럭이다.

5.

The rabbit found a carrot at the _____ of the road.

토끼는 그 길의 끝에서 당근을 발견했다.

C. Word Search

b	z	n	j	n	v	k
i	r	e	a	d	y	l
l	k	x	v	z	f	s
l	i	t	i	g	d	o
b	s	z	v	u	m	b
g	s	a	b	o	u	t

ACROSS

1. 준비가 된: _____

2. ~에 대한, 대략: _____

DOWN

3. 계산서, 지폐: _____

4. 키스하다, 입맞춤: _____

5. 다음의, 옆의: _____

21

•••••• DAY 3

021
★★★

above [əbʌv]
전 ~보다 위에(위로)　부 위에

above the average
평균 이상

The airplane flew above the tall building.
그 비행기는 높은 빌딩 위로 날아갔다.

숙어

above all
무엇보다도, 특히

022
★☆☆

bird [bəːrd]
명 새

a bird's nest
새의 둥지

A bird was flying outside the window.
새 한 마리가 창밖을 날고 있었다.

연관어

feather 깃털
beak (새의) 부리

023
★★☆

coffee [kɔ́ːfi]
명 커피

a cup of coffee
커피 한 잔

If I drink too much coffee, I can't sleep.
나는 너무 많은 커피를 마시면 잠을 못 잔다.

연관어

tea 차
juice 주스
water 물

024
★★☆

energy [énərdʒi]
명 ① 힘
　② (물리적) 에너지

lack of energy
힘(에너지) 부족

We use the energy from the sun.
우리는 태양에서 나오는 에너지를 사용한다.

연관어

nuclear energy
핵에너지
solar energy
태양 에너지

025
★☆☆

green [griːn]
형 녹색의, 초록색의
명 녹색, 초록색

a green apple
초록색 사과

You need to eat green vegetables.
너는 녹색 채소를 먹어야 해.

연관어

blue 파란색(의)
red 빨간색(의)
yellow 노란색(의)

Check Check A

1. 커피를 마시다 drink _____

2. 더 많은 에너지를 얻다 get more _____

3. 수평선 위로 _____ the horizon

4. 귀여운 새끼 새 a cute baby _____

5. 녹색 바나나를 사다 buy _____ bananas

026
★★☆

kitchen [kíʧən] 명 주방, 부엌

연관어

bedroom 침실

living room 거실

in the kitchen
부엌에서

She keeps her kitchen neat and organized.
그녀는 부엌을 깔끔하고 정돈되게 유지한다.

027
★☆☆

nice [nais] 형 ① 좋은 ② 친절한

유의어

good 좋은

great 위대한

awesome 굉장한

kind 친절한

부 nicely 멋지게

Have a nice day!
좋은 하루 보내!

It's so nice to see you again.
당신을 다시 봐서 아주 좋아요.

028
★★★

recreation [rèkriéiʃən] 명 ① 오락 ② 레크리에이션 ③ 휴양

동 recreate
되살리다

my only form of recreation
내 유일한 오락 활동

We enjoyed outdoor recreation in the park.
우리는 공원에서 실외 오락 활동을 즐겼다.

029
★★☆

spaghetti [spəgéti] 명 스파게티

연관어

pasta 파스타

noodle 국수, 면

pizza 피자

make spaghetti
스파게티를 만들다

We had spaghetti for lunch.
우리는 점심으로 스파게티를 먹었다.

030
★☆☆

true [tru:] 형 사실의, 진짜의

반의어

false 거짓인

명 truth 진실

a true story
사실인 이야기

Is it true that you're going camping tonight?
네가 오늘 밤 캠핑 간다는 게 사실이니?

Check Check B

1. 사실이 아닌 not _____

2. 좋은 사람 a _____ person

3. 내가 제일 좋아하는 오락 활동 my favorite _____

4. 스파게티를 먹다 have _____

5. 부엌에서 점심을 먹다 eat lunch in the _____

DAY 3 Review

1. 녹색의, 초록색   g_____
2. 레크리에이션   r_____
3. ~보다 위에(위로)   a_____
4. 좋은, 친절한   n_____
5. 커피   c_____
6. 주방, 부엌   k_____
7. 새   b_____
8. 사실의, 진짜의   t_____
9. 힘, (물리적) 에너지   e_____
10. 스파게티   s_____

B. Missing Words

recreation   spaghetti   kitchen   energy   coffee

1.

   We had _____ for lunch.
   우리는 점심으로 스파게티를 먹었다.

2.

   We use the _____ from the sun.
   우리는 태양에서 나오는 에너지를 사용한다.

3.

We enjoyed outdoor _____ in the park.
우리는 공원에서 실외 오락 활동을 즐겼다.

4.

If I drink too much _____, I can't sleep.
나는 너무 많은 커피를 마시면 잠을 못 잔다.

5.

She keeps her _____ neat and organized.
그녀는 부엌을 깔끔하고 정돈되게 유지한다.

C. Unscramble

	단어	뜻
1. <u>d</u> <u>r</u> <u>i</u> <u>b</u>	b ☐ ☐ ☐	_____
2. <u>e</u> <u>u</u> <u>t</u> <u>r</u>	t ☐ ☐ ☐	_____
3. <u>c</u> <u>i</u> <u>n</u> <u>e</u>	n ☐ ☐ ☐	_____
4. <u>o</u> <u>b</u> <u>a</u> <u>e</u> <u>v</u>	a ☐ ☐ ☐ ☐	_____
5. <u>n</u> <u>e</u> <u>r</u> <u>e</u> <u>g</u>	g ☐ ☐ ☐ ☐	_____

DAY 4

031
★★★

across [əkrɔ́:s]
전 ~을 가로질러, ~의 건너편에
부 건너서

연관어
along ~을 따라서
cross 건너다

across the road
도로 건너편에

We saw her walking across the street.
우리는 그녀가 길을 가로질러 걸어가는 것을 보았다.

032
★★☆

birth [bə:rθ]
명 출생, 출산

연관어
birthday 생일

give birth to a baby
아이를 낳다

Please give me your date of birth.
당신의 생년월일을 알려 주세요.

033
★☆☆

cold [kould]
형 ① 추운 ② 냉정한
명 감기

반의어
hot 뜨거운

연관어
warm 따뜻한
cool 시원한
freezing 너무 추운

have[catch] a cold
감기에 걸리다

It is very cold outside today.
오늘 밖이 매우 춥다.

034
★★★

enough [inʌf]
형 충분한 부 충분히

숙어
enough to
~할 만큼 충분히

예 He is smart enough to solve the problem.
그는 그 문제를 해결할 만큼 충분히 똑똑하다.

enough money
충분한 돈

I have enough water.
나는 충분한 물을 갖고 있다.

035
★★☆

ground [graund]
명 ① 땅 ② 기초

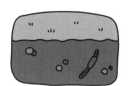

연관어
field 들판
playground 경기장

on the ground
땅에

I found an earthworm in the ground.
나는 땅속에서 지렁이 한 마리를 발견했다.

> Check Check A

1. 출생 때부터 from _____

2. 땅으로 떨어지다 fall to the _____

3. 강을 가로질러 수영하다 swim _____ the river

4. 추운 날씨 _____ weather

5. 충분한 시간이 있다 have _____ time

knife의 복수형은 knifes
가 아닌 knives로 씁니다.

036 ★★☆

knife [naif]   명 칼, 나이프

a sharp knife
날카로운 칼

※ k는 발음되지 않음

I need a good knife for cooking.
나는 요리를 위해 좋은 칼이 필요하다.

037 ★☆☆

night [nait]   명 밤

at night
밤에

Last night, I saw a lot of stars.
지난밤에 나는 많은 별을 보았다.

연관어

morning 오전
noon 정오
afternoon 오후
evening 저녁
dawn 새벽

038 ★☆☆

red [red]   형 붉은 명 빨간색

a red car
빨간 자동차

His face turns red when he gets angry.
그는 화가 날 때 얼굴이 붉게 변한다.

연관어

black 검은색(의)
blue 파란색(의)
pink 분홍색(의)
brown 갈색(의)

039 ★★☆

speak [spiːk]   동 말하다

speak English
영어를 말하다

She will speak with him shortly.
그녀가 그와 짧게 말할 것이다.

Hi, Peter.

유의어

tell 말하다

불규칙동사

(현재) speak
(과거) spoke
(과거분사) spoken

040 ★☆☆

try [trai]   동 ① 노력하다 ② 시도하다
명 시도

try his best
(그가) 최선을 다하다

You can do it if you try hard.
네가 열심히 노력하면 그것을 할 수 있어.

숙어

try one's best
최선을 다하다

Check Check B

1. 밤에 일하다 work at _____

2. 나중에 다시 시도하다 _____ again later

3. 크게 말하다 _____ loudly

4. 칼과 포크 a _____ and a fork

5. 빨간 사과 하나를 먹다 eat a _____ apple

DAY 4 Review

1. 충분한, 충분히   e_____
2. 말하다   s_____
3. 추운, 감기   c_____
4. 붉은, 빨간색   r_____
5. 칼, 나이프   k_____
6. 출생, 출산   b_____
7. 밤   n_____
8. 노력하다, 시도   t_____
9. ~을 가로질러   a_____
10. 땅, 기초   g_____

B. Missing Words

enough   birth   ground   across   speak

1. I have _____ water.
나는 충분한 물을 갖고 있다.

2.  She will _____ with him shortly.
그녀가 그와 짧게 말할 것이다.

28

정답: 335쪽

3.

Please give me your date of _____.

당신의 생년월일을 알려 주세요.

4.

I found an earthworm in the _____.

나는 땅속에서 지렁이 한 마리를 발견했다.

5.

We saw her walking _____ the street.

우리는 그녀가 길을 가로질러 걸어가는 것을 보았다.

C. Crossword

3   4

ACROSS

1. 밤

2. 붉은, 빨간색

DOWN

3. 칼

4. 추운, 냉정한, 감기

5. 노력하다, 시도하다,

시도

······ DAY 5

Word Plus⁺

041 ★★☆
act [ækt]
동 ① 행동하다 ② 연기하다
명 행동

act strangely
이상하게 행동하다

He will act the part of Romeo in this play.
그는 이번 연극에서 로미오 파트를 연기할 것이다.

연관어
actor 배우
actual 실제의
interact 소통하다, 상호 작용하다

명 action 행동

042 ★★★
biscuit [bískit]
명 ① 비스킷 (영국)
② 소형 빵 (미국)

a packet of biscuits
비스킷 한 통

I usually have tea and biscuits in the morning.
나는 보통 아침에 차와 비스킷을 먹는다.

연관어
cookie 쿠키
snack 간식

043 ★★★
collect [kəlékt]
동 ① 모으다 ② 수집하다

collect coins
동전을 수집하다

They have to collect some leaves for their project.
그들은 프로젝트를 위해 잎을 조금 모아야 한다.

명 collection
수집(품), 소장품

044 ★★☆
enter [éntər]
동 ~에 들어가다

enter the office
사무실에 들어가다

Please enter the room.
방으로 들어가세요.

연관어
entrance 출입구
※ t와 r 사이에 e가 없음

045 ★☆☆
group [gruːp]
명 무리, 모둠 동 모이다

in the group
모둠 안에서

She joined the group.
그녀는 그 모둠에 합류했다.

연관어
member 구성원

Check Check A

1. 우표를 수집하다 _____ stamps
2. 아이처럼 행동하다 _____ like a child
3. 한 무리의 사람들 a _____ of people
4. 비스킷을 조금 먹다 eat some _____s
5. 그 건물에 들어가다 _____ the building

30

046 ★★☆

know [nou]

동 알다, 알고 있다

don't[doesn't] know about it
그것에 대해 알지 못하다

I know what to do.
나는 무엇을 해야 할지 알고 있다.

※ k는 발음되지 않음

불규칙동사

(현재) know
(과거) knew
(과거분사) known

---

047 ★☆☆

nine [nain]

명 9, 아홉

a nine-year-old girl
아홉 살 된 소녀

She has nine candies.
그녀는 아홉 개의 사탕을 갖고 있다.

연관어

nineteen 19
ninety 90

---

048 ★★★

remember [rimémbər]

동 기억하다

try to remember that
그것을 기억하려고 노력하다

I don't remember his name.
나는 그의 이름이 기억나지 않는다.

반의어

forget 잊다, 잊어
버리다

---

049 ★★☆

speed [spi:d]

명 속도 동 빨리 가다

speed up
속도를 높이다

You should reduce your speed.
당신은 속도를 줄여야 합니다.

형 speedy 빠른

---

050 ★★☆

turn [tə:rn]

동 돌다, 돌리다 명 차례

take turns
~을 교대로(차례대로) 하다

Please turn around.
돌아서세요.

숙어

turn on ~을 켜다
turn off ~을 끄다

> Check Check B

1. 그녀를 기억하다 _____ her

2. 아홉 명의 선수들 _____ players

3. 코너에서 우측으로 돌다 _____ right at the corner

4. 높은 속도로 at high _____

5. 그의 이름을 알고 있다 _____ his name

31

DAY 5 Review

A. Korean to English

1. ~에 들어가다   e_____   6. 속도, 빨리 가다   s_____

2. 기억하다   r_____   7. 비스킷   b_____

3. 돌다, 돌리다   t_____   8. 무리, 모둠   g_____

4. 행동하다   a_____   9. 9, 아홉   n_____

5. 알다, 알고 있다   k_____   10. 모으다   c_____

B. Missing Words

biscuit   remember   enter   speed   collect

1.

   Please _____ the room.
   방으로 들어가세요.

2.

   I don't _____ his name.
   나는 그의 이름이 기억나지 않는다.

3.

You should reduce your _____.
당신은 속도를 줄여야 합니다.

4.

I usually have tea and _____s in the morning.
나는 보통 아침에 차와 비스킷을 먹는다.

5.

They have to _____ some leaves for their project.
그들은 프로젝트를 위해 잎을 조금 모아야 한다.

C. Word Search

u	s	q	k	n	o	w
n	l	t	g	h	b	b
i	s	u	j	z	j	m
n	g	r	o	u	p	l
e	v	n	k	g	x	y
j	t	a	c	t	o	h

ACROSS

1. 알다, 알고 있다: _____

2. 무리, 모둠: _____

3. 행동하다: _____

DOWN

4. 9, 아홉: _____

5. 돌다, 돌리다, 차례: _____

····· DAY 6

Word Plus⁺

051
★★☆

add [æd]

동 ① 더하다
　　② 첨가하다, 추가하다

명 addition 추가

add **one cup of sugar**
설탕 한 컵을 추가하다

You should add **some more.**
너는 조금 더 추가해야 해.

052
★☆☆

black [blæk]

형 ① 검은 ② 어두운
명 ① 검은색 ② 어둠

연관어

white 흰색(의)
yellow 노란색(의)
blue 파란색(의)
red 빨간색(의)

a black **cat**
검은 고양이

I **put on my** black **jacket.**
나는 내 검은색 재킷을 입었다.

053
★★★

college [kálidʒ]

명 대학

연관어

elementary school
초등학교
middle school 중학교
high school 고등학교
university 대학교

go to college
(전문)대학을 가다

Paul **teaches art at a local** college.
Paul은 한 지역 대학에서 미술 과목을 가르친다.

054
★★☆

evening [íːvniŋ]

명 저녁

연관어

morning 오전
afternoon 오후
night 밤

in the evening
저녁에

I **like watching the sunset in the** evening.
나는 저녁에 일몰을 보는 것을 좋아한다.

055
★★☆

grow [grou]

동 ① 자라다
　　② 키우다, 기르다

명 growth 성장

불규칙동사

(현재) grow
(과거) grew
(과거분사) grown

grow **up**
성장하다

This plant will grow **quickly.**
이 식물은 빠르게 자랄 것이다.

Check Check A

1. 검은색 줄무늬 _____ stripes

2. 대학 교수 a _____ professor

3. 내일 저녁 tomorrow _____

4. (턱)수염을 기르다 _____ a beard

5. 소금을 조금 더 첨가하다 _____ more salt

056 ★☆☆

lady [léidi]

명 ① 여자 ② 숙녀

a beautiful lady
아름다운 여성

This kind lady is Gary's mother.
이 친절한 여자분은 Gary의 어머니이다.

연관어
gentleman 신사
Ladies and gentlemen!
신사숙녀 여러분!

---

057 ★☆☆

no [nou]

부 ① 아니 ② 안 돼
한 어떤 ~도 없는

No way!
말도 안 돼!

No, I'm not. / No, I don't. / No, I can't.
아니, 그렇지 않아.

유의어
nope / nay 아니, 안 돼

반의어
yes / yep 응, 그래

---

058 ★★★

restaurant [réstərənt]

명 음식점, 식당

go to the restaurant
그 식당에 가다

I had dinner in this restaurant.
나는 이 식당에서 저녁을 먹었다.

연관어
waiter 웨이터
menu 메뉴
dessert 디저트
tip 팁

---

059 ★★☆

spoon [spu:n]

명 숟가락

use a spoon
숟가락을 사용하다

Stir it with a wooden spoon.
그것을 나무 숟가락으로 저으세요.

연관어
chopsticks 젓가락
fork 포크
knife 칼
plate 접시

---

060 ★★☆

twelve [twelv]

명 12, 열둘

for twelve hours
12시간 동안

I usually have lunch at twelve.
나는 보통 12시에 점심을 먹는다.

연관어
ten 10
eleven 11
thirteen 13
fourteen 14
fifteen 15

Check Check B

1. 열두 명의 사촌 _____ cousins

2. 어떤 기회도 없는 have _____ chance

3. 새로 생긴 식당 a new _____

4. 그 숙녀를 알고 있다 know the _____

5. 숟가락과 젓가락 a _____ and chopsticks

DAY 6 Review

A. Korean to English

1. 아니, 안 돼   n_____

2. 12, 열둘   t_____

3. 더하다   a_____

4. 자라다, 키우다 g_____

5. 음식점, 식당   r_____

6. 검은, 검은색   b_____

7. 숟가락   s_____

8. 저녁   e_____

9. 여자, 숙녀   l_____

10. 대학   c_____

B. Missing Words

| college | no | add | evening | restaurant |

1.

_____ way!

말도 안 돼!

2.

I had dinner in this _____.

나는 이 식당에서 저녁을 먹었다.

36

3.

You should _____ some more.

너는 조금 더 추가해야 해.

4.

Paul teaches art at a local _____.

Paul은 한 지역 대학에서 미술 과목을 가르친다.

5.

I like watching the sunset in the _____.

나는 저녁에 일몰을 보는 것을 좋아한다.

C. Unscramble

	단어	뜻
1. <u>d y l a</u>	l ☐ ☐ ☐	_____
2. <u>r o w g</u>	g ☐ ☐ ☐	_____
3. <u>b a l k c</u>	b ☐ ☐ ☐ ☐	_____
4. <u>p o n o s</u>	s ☐ ☐ ☐ ☐	_____
5. <u>e t l w e v</u>	t ☐ ☐ ☐ ☐ ☐	_____

Word Plus⁺

---

061 ★★★

address [ədrés]
명 ① 주소 ② 연설
동 연설하다

연관어

zip code 우편번호

the email address
이메일 주소

Can you find the address on this map?
너는 이 지도에서 그 주소를 찾을 수 있니?

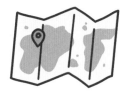

---

062 ★★☆

blood [blʌd]
명 피, 혈액

동 bleed 피를 흘리다

lose a lot of blood
많은 피를 흘리다

The doctor said we need more blood.
의사는 우리에게 더 많은 혈액이 필요하다고 말했다.

---

063 ★☆☆

color [kʌ́lər]
명 색(깔) 동 색칠하다

미국에서는 color, 영국에서는 colour라고 씁니다.

my favorite color
내가 제일 좋아하는 색

What color paint shall we use?
우리가 어떤 색 물감을 사용해야 할까?

---

064 ★★☆

every [évri]
한 ① 모든 ② ~마다

'모든'이라는 복수의 뜻을 갖지만 반드시 단수 명사와 함께 사용합니다.

예 every children (X)

every day
매일

Every child is special.
모든 아이는 특별하다.

---

065 ★★★

guess [ges]
동 추측하다, 짐작하다
명 추측, 짐작

상대방에게 흥미로운 소식을 전할 때 "Guess what!"(있잖아!/그거 알아?)라는 표현을 사용할 수 있답니다.

guess correctly
바르게 추측하다

Can you guess what it is?
그게 무엇인지 추측할 수 있겠니?

Check Check A

1. 그렇게 짐작하다 _____ so

2. 모든 학생 _____ student

3. 혈액을 기부하다(헌혈하다) donate _____

4. 다른 색을 사용하다 use a different _____

5. 내 주소를 쓰다 write my _____

066
★★☆

lake [leik]　명 호수

swim in the lake
그 호수에서 수영하다

What a peaceful lake it is!
그건 정말 평화로운 호수이구나!

river 강
ocean 바다
pond 연못

067
★☆☆

north [nɔːrθ]　명 북쪽 형 북쪽의

come from the north
북쪽에서 오다

I grew up in the north.
나는 북쪽에서 자랐다.

연관어
east 동쪽(의)
west 서쪽(의)
south 남쪽(의)

068
★★☆

restroom [restruːm]　명 화장실

go to the restroom
화장실에 가다

I'm looking for the restroom.
나는 화장실을 찾고 있다.

유의어
washroom 화장실
toilet 화장실, 변기

069
★★☆

sport [spɔːrt]　명 운동, 스포츠

a type of sport
스포츠의 한 유형

What sport do you like the most?
당신은 어떤 스포츠를 가장 좋아하나요?

연관어
soccer 축구
baseball 야구
tennis 테니스
basketball 농구
floorball 플로어볼

070
★★☆

twenty [twénti]　명 20, 스물

twenty years ago
20년 전에

I'm twenty years old now.
나는 이제 스무 살이다.

연관어
twelve 12
thirty 30
forty 40
fifty 50

Check Check B

1. 20개의 지우개 _____ erasers

2. 시드니의 북쪽 the _____ of Sydney

3. 평화로운 호수 a peaceful _____

4. 화장실이 어디인가요? Where is the _____?

5. 내 가장 좋아하는 스포츠 my favorite _____

DAY 7 Review

A. Korean to English

1. 북쪽, 북쪽의   n_____
2. 주소, 연설하다   a_____
3. 운동, 스포츠   s_____
4. 색(깔), 색칠하다   c_____
5. 화장실   r_____

6. 20, 스물   t_____
7. 모든, ~마다   e_____
8. 피, 혈액   b_____
9. 호수   l_____
10. 추측하다   g_____

B. Missing Words

twenty   address   every   color   restroom

1.
_____ child is special.
모든 아이는 특별하다.

2.
I'm _____ years old now.
나는 이제 스무 살이다.

정답: 337쪽

3.

I'm looking for the _____.

나는 화장실을 찾고 있다.

4.

What _____ paint shall we use?

우리가 어떤 색 물감을 사용해야 할까?

5.

Can you find the _____ on this map?

너는 이 지도에서 그 주소를 찾을 수 있니?

C. Crossword

3   4

5

| 1 | | | |

| 2 | | | |

ACROSS

1. 호수

2. 운동, 스포츠

DOWN

3. 추측하다, 짐작하다

4. 북쪽, 북쪽의

5. 피, 혈액

Word Plus⁺

071 ★★★

adult [ədʌ́lt]   명 어른, 성인

become an adult
어른이 되다

My uncle is an adult, and I'm a kid.
우리 삼촌은 성인이고, 나는 아이다.

반의어
kid 아이
child 아이
children 아이들

---

072 ★☆☆

blue [blu:]   형 ① 파란 ② 우울한
명 파란색

blue eyes
파란(색) 눈

My favorite color is blue.
내가 가장 좋아하는 색은 파란색이다.

연관어
red 빨간(색)
yellow 노란(색)
white 하얀(색)
blank 검은(색)

---

073 ★★☆

come [kʌm]   동 ① 오다 ② 도착하다

come late
늦게 오다

The door opened and she came into the room.
방문이 열렸고 그녀가 방으로 들어왔다.

반의어
go 가다

불규칙동사
(현재) come
(과거) came
(과거분사) come

---

074 ★★★

example [igzǽmpl]   명 예, 예시

give me an example
나에게 예를 들어 주다

She gave many examples to show different colors.
그녀는 다양한 색을 보여 주기 위해 많은 예시를 들어 주었다.

숙어
for example
예를 들어서

---

075 ★★☆

guitar [gitá:r]   명 [악기] 기타

buy a new guitar
새 기타를 구입하다

He plays the guitar in a band.
그는 밴드에서 기타를 연주한다.

연관어
violin 바이올린
piano 피아노
cello 첼로

악기 앞에는 일반적으로
the를 붙입니다.

Check Check A

1. 친절한 어른 a kind _____

2. 곧 돌아오다 _____ back soon

3. 좋은 예시 a good _____

4. 기타를 잘 치는 good at _____

5. 파란 펜을 사용하다 use a _____ pen

076
★☆☆

land [lænd]

명 ① 땅 ② 국토
동 착륙하다

유의어
ground 땅

flat land
평지

Korea is my native land.
한국은 나의 고국입니다.

077
★☆☆

nose [nouz]

명 코

연관어
eye 눈
mouth 입
ear 귀

숙어
have a runny nose
콧물이 나다

look at her nose
그녀의 코를 보다

The girl has a cute nose.
그 여자아이는 귀여운 코를 갖고 있다.

078
★★☆

return [ritə́:rn]

동 ① 돌아가다 ② 돌려주다
명 돌아감

유의어
go back 돌아가다
come back 돌아오다

a return ticket
왕복 티켓

I will return home after the trip.
나는 여행 후에 집으로 돌아갈 것이다.

079
★★☆

spring [spriŋ]

명 ① 봄 ② 샘 ③ 용수철
동 뛰어오르다

연관어
summer 여름
fall 가을(=autumn)
winter 겨울

in (the) spring
봄에

It was a beautiful day in early spring.
이른 봄의 아름다운 날이었다.

계절 앞에는 in을 씁니다.

080
★★★

twenty-first [twénti-fə́:rst]

한 21번째의

연관어
first 첫 번째의
second 두 번째의
third 세 번째의

the twenty-first century
21세기

It's his twenty-first birthday today.
오늘은 그의 21번째 생일이다.

Check Check B

1. 이 주변 땅 the _____ around here

2. 나의 21번째 생일 my _____ birthday

3. 이른 봄 early _____

4. 집으로 돌아오다 _____ home

5. (나의) 코가 부러지다 break my _____

DAY 8 Review

A. Korean to English

1. 돌아가다   r_____   6. 어른, 성인   a_____

2. 오다, 도착하다 c_____   7. 코   n_____

3. 21번째의 t_____-f_____   8. [악기] 기타   g_____

4. 파란, 우울한   b_____   9. 봄, 샘, 용수철 s_____

5. 땅, 국토   l_____   10. 예, 예시   e_____

B. Missing Words

return   twenty-first   guitar   example   spring

1.

He plays the _____ in a band.
그는 밴드에서 기타를 연주한다.

2.

It's his _____ birthday today.
오늘은 그의 21번째 생일이다.

3.

I will _____ home after the trip.

나는 여행 후에 집으로 돌아갈 것이다.

4.

It was a beautiful day in early _____.

이른 봄의 아름다운 날이었다.

5.

She gave many _____s to show different colors.

그녀는 다양한 색을 보여 주기 위해 많은 예시를 들어 주었다.

C. Word Search

t	h	o	h	c	p	a
c	o	q	n	i	f	d
o	b	l	u	e	i	u
m	g	l	a	n	d	l
e	y	r	u	j	p	t
n	o	s	e	e	k	c

ACROSS

1. 파란, 우울한, 파란색: _____

2. 땅, 국토, 착륙하다: _____

3. 코: _____

DOWN

4. 오다, 도착하다: _____

5. 어른, 성인: _____

DAY 9

Word Plus⁺

081
★★☆

afraid [əfréid]

형 ① 두려워하는, 무서워하는
② 걱정하는

afraid of spiders
거미를 무서워하는

Joshua must be afraid of something.
Joshua는 틀림없이 무언가를 무서워하고 있다.

유의어
scared 겁내는
frightened 무서워하는

숙어
be afraid of
~을 무서워하다

082
★★☆

board [bɔːrd]

명 ① 게시판 ② 판자
동 타다

a bulletin board
게시판

We saw a notice on the board.
우리는 게시판에서 안내문을 보았다.

연관어
blackboard 칠판

083
★★☆

comic [kάmik]

형 웃기는, 재미있는

read a comic story
웃긴 이야기를 읽다

The drama has some comic moments.
그 드라마는 웃기는 장면을 조금 담고 있다.

유의어
funny 웃기는
humorous 재미있는

HAHAHA

084
★★★

exercise [éksərsàiz]

명 ① 운동 ② 연습
동 운동하다

do warm-up exercises
준비운동을 하다

It's important to exercise every day.
매일 운동하는 것이 중요하다.

유의어
work out 운동하다

085
★★☆

gum [gʌm]

명 ① 껌 ② 잇몸

bubble gum
풍선 껌

Chewing gum is not allowed here.
껌을 씹는 것은 이곳에서 허락되지 않는다.

gum을 '잇몸'의 뜻으로 사용할 때는 주로 복수 형태(gums)로 씁니다.

Check Check A

1. 규칙적인 운동 regular _____

2. 재미있는 공연 a _____ performance

3. 수업 시간에 껌을 씹다 chew _____ in class

4. 큰 개를 무서워하는 _____ of big dogs

5. 버스를 타다 _____ a bus

086
★☆☆

large [lɑːrdʒ] 형 ① 큰 ② 많은

buy the large one
그 큰 것을 사다

This is too tight. Do you have it in a large size?
이게 너무 꽉 조여요. 큰 사이즈도 있나요?

유의어
big 큰, 커다란
huge 거대한

087
★☆☆

not [nɑːt] 부 ~이 아니다

It's not interesting.
그건 흥미롭지 않다.

You are not allowed to be here.
당신은 이곳에 있으면 안 됩니다.

'not'은 부정문을 만들 때 사용합니다.
He is not ~
They are not ~
I do not like ~
You cannot ~

088
★★☆

ribbon [ribən] 명 리본

a red ribbon
빨간색 리본

I'd love to buy this ribbon.
나는 이 리본을 사고 싶다.

연관어
hairpin 머리핀

089
★★★

staff [stæf] 명 직원

hire a staff member
스태프 직원을 고용하다

He was one of the best staff members.
그는 최고의 직원들 중 한 명이었다.

'스태프들'이라고 복수로 사용할 때는 staffs가 아닌 staff members라고 씁니다.

090
★★★

twenty-second [twénti-sékənd] 한 22번째의

my twenty-second birthday
나의 22번째 생일

I was the twenty-second student who arrived
at school. 내가 학교에 도착한 22번째 학생이었다.

연관어
twentieth 20번째의
twenty-first
　　　　21번째의
twenty-third
　　　　23번째의

Check Check B

1. 귀여운 리본 a cute _____

2. 직원을 고용하다 hire the _____

3. 22번째 사람 the twenty-_____ person

4. 큰 집 a _____ house

5. 동의하지 않는다 do _____ agree

DAY 9 Review

A. Korean to English

1. 웃기는, 재미있는   c_____

2. 리본   r_____

3. 껌, 잇몸   g_____

4. 직원   s_____

5. 두려워하는   a_____

6. 큰, 많은   l_____

7. 22번째의   t_____-s_____

8. 게시판, 타다   b_____

9. ~이 아니다   n_____

10. 운동, 운동하다   e_____

B. Missing Words

board   gum   twenty-second   exercise   not

1.

You are _____ allowed to be here.
당신은 이곳에 있으면 안 됩니다.

2.

We saw a notice on the _____.
우리는 게시판에서 안내문을 보았다.

48

정답: 338쪽

3.

It's important to _____ every day.

매일 운동하는 게 중요하다.

4.

Chewing _____ is not allowed here.

껌을 씹는 것은 이곳에서 허락되지 않는다.

5.

I was the _____ student who arrived at school.

내가 학교에 도착한 22번째 학생이었다.

C. Unscramble

	단어	뜻
1. <u>f f a s t</u>	s ☐ ☐ ☐ ☐	_____
2. <u>g e l a r</u>	l ☐ ☐ ☐ ☐	_____
3. <u>m o c i c</u>	c ☐ ☐ ☐	_____
4. <u>b r i n o b</u>	r ☐ ☐ ☐ ☐ ☐	_____
5. <u>f a r d i a</u>	a ☐ ☐ ☐ ☐ ☐	_____

Word Plus⁺

091
★☆☆

after [ǽftər]
접 ~한 후에
전 ~의 뒤[후]에

반의어
before ~전에

after he leaves
그가 떠난 후에

She looks younger after a haircut.
그녀는 이발 후에 더 어려 보인다.

092
★☆☆

boat [bout]
명 (작은) 배

유의어
ship 배
ferry 연락선(페리)

on the boat
그 배 위에서

We tied the boat to the dock.
우리는 배를 부두에 묶었다.

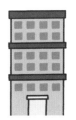

093
★★★

company [kʌ́mpəni]
명 ① 회사 ② 동료

유의어
firm 회사

in the company
회사에서

Jack works for this company.
Jack은 이 회사를 위해서 일한다.

094
★☆☆

eye [ai]
명 ① 눈 ② 시력

연관어
nose 코
mouth 입
ear 귀
head 머리

black eyes
검은색 눈
※ 주로 복수(eyes)로 사용됨

She has beautiful eyes.
그녀는 아름다운 눈을 가졌다.

095
★★☆

guy [gai]
명 ① 남자 ② 녀석

유의어
fellow 녀석, 동료

a nice guy
멋진 남자

Look at the guy who is standing over there.
저기에 서 있는 그 남자를 좀 봐.

남녀 상관없이 무리지어 진 사람들을 'guys'라고 부르기도 합니다.

Check Check A

1. 점심 식사 후에 _____ lunch

2. 소프트웨어 회사 a software _____

3. 나의 왼쪽 눈 my left _____

4. 몸집이 큰 남자 the big _____

5. 배로 여행하다 travel by _____

096 ★★☆

laser [léizər] 명 레이저

use a laser beam
레이저 빔을 사용하다

Be careful. The laser can hurt your eyes.
조심해. 그 레이저가 너의 눈을 상하게 할 수도 있어.

097 ★☆☆

note [nout] 명 메모, 쪽지 동 ~에 주목하다

연관어
notion 개념, 생각
notebook 공책, 노트

take notes
메모하다, 기록하다

Somebody left me a note.
누군가 내게 메모를 남겼다.

098 ★☆☆

rich [ritʃ] 형 ① 부유한, 부자인
　　　　　　　　 ② ~이 풍부한

반의어
poor 가난한

become a rich man
부자가 되다

I wish I were rich.
내가 부자라면 좋을 텐데. (실제로는 부자가 아니라는 의미)

099 ★★☆

stand [stænd] 동 서다, 일어서다

반의어
sit 앉다

불규칙동사
(현재) stand
(과거) stood
(과거분사) stood

stand up
일어나다

Stand in front of the chair, please.
의자 앞에 서 주세요.

100 ★★★

twenty-third [twénti-θəːrd] 한 23번째의

21, 22, 23, … NN번째를 나타낼 때는 10의 자리는 기수로, 1의 자리는 서수로 나타내요.
twenty-seventh 27번째
fifty-first 51번째

a twenty-third player 23번째 선수
Tim was the twenty-third person who came to the shop.
Tim은 그 가게에 왔던 23번째 사람이었다.

Check Check B

1. 부자인 가족 a _____ family

2. 땅 위에 서다 _____ on the ground

3. 23번째 기념일 twenty-_____ anniversary

4. 레이저 쇼 a _____ show

5. 메모를 남기다 leave a _____

DAY 10 Review

A. Korean to English

1. 레이저   l_____

2. 23번째의   t_____-t_____

3. (작은) 배   b_____

4. 메모, 쪽지   n_____

5. 회사, 동료   c_____

6. 부유한, 부자인   r_____

7. 눈, 시력   e_____

8. 서다, 일어서다   s_____

9. 남자, 녀석   g_____

10. ~한 후에   a_____

B. Missing Words

twenty-third   laser   guy   rich   company

1.

I wish I were _____.
내가 부자라면 좋을 텐데.

2.

Jack works for this _____.
Jack은 이 회사를 위해서 일한다.

52

3.

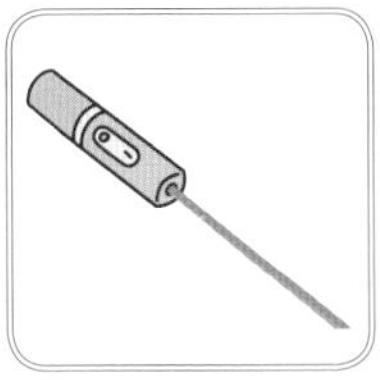

Be careful. The _____ can hurt your eyes.

조심해. 그 레이저가 너의 눈을 상하게 할 수도 있어.

4.

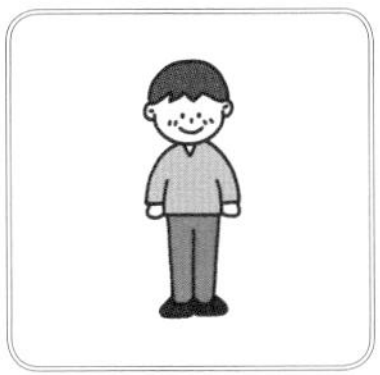

Look at the _____ who is standing over there.

저기에 서 있는 그 남자를 좀 봐.

5.

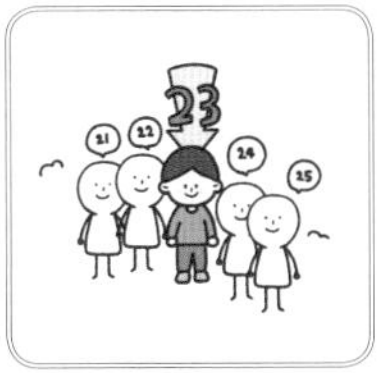

Tim was the _____ person who came to the shop.

Tim은 그 가게에 왔던 23번째 사람이었다.

C. Crossword

ACROSS

1. (작은) 배

2. ~한 후에, ~의 뒤

DOWN

3. 메모, 쪽지,

4. 서다, 일어서다

5. 눈, 시력

Word Plus⁺

101 ★★☆

afternoon [ӕftərnúːn] 명 오후

연관어

morning 오전
evening 저녁
night 밤

in the afternoon
오후에

I often drink coffee in the afternoon.
나는 오후에 종종 커피를 마신다.

---

102 ★☆☆

body [bádi] 명 몸, 신체

연관어

head 머리
face 얼굴
chest 가슴
arm 팔
leg 다리

keep my body healthy
내 몸을 건강하게 유지하다

How many body parts can you name?
너는 얼마나 많은 신체 부위의 이름을 말할 수 있니?

---

103 ★★★

compute [kəmpjúːt] 동 계산하다

유의어

calculate 계산하다

연관어

computer 컴퓨터

compute the interest
이자를 계산하다

It is difficult to compute it without a calculator.
그걸 계산기 없이 계산하는 건 어렵다.

---

104 ★☆☆

face [feis]
명 ① 얼굴 ② 표면
동 ① 마주보다 ② 직면하다

연관어

eye 눈
nose 코
mouth 입
ear 귀

a friendly face
친근한 얼굴

He has a round face.
그는 얼굴이 둥글다.

---

105 ★★☆

habit [hǽbit] 명 습관

숙어

break the habit
습관을 버리다(고치다)

have a good/bad habit
좋은/나쁜 습관을 갖고 있다

It is my habit to listen to music at night.
밤에 음악을 듣는 건 내 습관이다.

Check Check A

1. 약한 신체 a weak _____

2. 화창한 오후 a sunny _____

3. 손톱을 물어뜯는 습관 the _____ of biting nails

4. 서로를 마주보다 _____ each other

5. 그것을 빠르게 계산하다 _____ it quickly

106
★★☆

last [læst]

형 ① 마지막 ② 지난
부 마지막으로

last weekend
지난 주말

I found the last piece of the puzzle.
나는 퍼즐의 마지막 조각을 찾았다.

☼ last는 '지속되다'라는 뜻의 동사로 사용되기도 합니다.

예 The meeting lasted two hours.
그 모임은 2시간 동안 지속되었다.

107
★★☆

notebook [nóutbuk]

명 공책, 노트

write it in the notebook
그것을 공책에 적다

Take out your notebook and write it down.
네 노트를 꺼내고 그것을 적어라.

☼ 노트북 컴퓨터는 영어로 laptop 혹은 laptop computer라고 합니다.

108
★★☆

right [rait]

명 ① 오른쪽 ② 권리
형 ① 오른쪽의 ② 옳은

on your right
네 오른쪽에

Turn right at the corner.
코너에서 우회전하세요.

반의어
left 왼쪽(의)
wrong 틀린

109
★☆☆

star [staːr]

명 별

a bright star
밝은 별

We gazed up at the stars.
우리는 별들을 쳐다보았다.

연관어
moon 달
earth 지구
sun 태양
Mars 화성

110
★★★

twice [twais]

부 두 번

twice a week
일주일에 두 번

I've been there at least twice.
나는 그곳에 적어도 두 번은 갔었다.

연관어
once 한 번
three times 세 번
four times 네 번

Check Check B

1. 옳은 답 a _____ answer

2. 1년에 두 번 _____ a year

3. 공책 한 권을 샀다 bought a _____

4. 수백 개의 별들 hundreds of _____s

5. 마지막 순간에 at the _____ moment

DAY 11 Review

1. 두 번   t_____   6. 몸, 신체   b_____

2. 습관   h_____   7. 별   s_____

3. 오후   a_____   8. 마지막, 지난   l_____

4. 공책, 노트   n_____   9. 얼굴   f_____

5. 계산하다   c_____   10. 오른쪽(의)   r_____

B. Missing Words

habit   afternoon   compute   right   notebook

1.

Turn _____ at the corner.
코너에서 우회전하세요.

2.

I often drink coffee in the _____.
나는 오후에 종종 커피를 마신다.

56

3.

Take out your _____ and write it down.
네 노트를 꺼내고 그것을 적어라.

4.

It is difficult to _____ it without a calculator.
그걸 계산기 없이 계산하는 건 어렵다.

5.

It is my _____ to listen to music at night.
밤에 음악을 듣는 건 내 습관이다.

C. Word Search

s	s	t	a	r	t	t
t	d	w	v	p	b	e
w	a	f	n	r	o	m
i	l	a	s	t	d	b
c	b	c	i	j	y	x
e	v	e	q	v	c	n

ACROSS

1. 별: _____

2. 마지막, 지난: _____

DOWN

3. 두 번: _____

4. 얼굴, 마주보다: _____

5. 몸, 신체: _____

DAY 12

111 ★★☆

again [əgéin]　　뷔 다시

practice it again
그것을 다시 연습하다

She tried it again.
그녀는 그것을 다시 시도했다.

one more time
한 번 더
once again
한 번 다시

---

112 ★☆☆

bone [boun]　　명 뼈

animal bones
동물의 뼈

My dog loves playing with bones.
내 개는 뼈를 가지고 노는 걸 좋아한다.

연관어
backbone 척추, 등뼈
skeleton 뼈대, 해골

---

113 ★★★

condition [kəndíʃən] 명 ① 상태 ② 조건

be in good/bad condition
상태가 좋다/나쁘다

Her condition is improving quickly.
그녀의 상태는 빠르게 나아지고 있다.

'환경(상황)'이라는 뜻으로 사용될 때는 복수형태 (conditions)로 사용합니다.

---

114 ★☆☆

fact [fækt]　　명 사실

an important fact
중요한 사실

Now, we all know that's a fact.
이제 우리 모두 그것이 사실이라는 것을 안다.

유의어
truth 진실

숙어
in fact 사실

---

115 ★☆☆

hair [hɛər]　　명 머리카락

have dark hair
머리카락이 어두운 색이다

She's having her hair cut.
그녀는 머리카락을 자르고 있다.

연관어
fur 동물의 털
dry 말리다

Check Check A

1. 부러진 뼈 a broken _____

2. 안 좋은 상태인 in poor _____

3. 사실과 허구 _____ and fiction

4. 다시 실수하다 make a mistake _____

5. 내 머리카락을 자르다 get my _____ cut

116
★★☆

late [leit]

형 늦은 부 늦게

early 이른, 일찍

숙어
be late for ~에 늦다

be late for school
학교에 지각하다

Hurry up, or you'll be late.
서둘러, 그렇지 않으면 너는 늦을 거야.

117
★★★

nothing [nʌθin]

대 아무것도 ~아니다

연관어
something 어떤 것, 무엇
anything 아무것(도)
※ something은 주로 긍정
문에서, anything은 주로
부정문, 의문문에서 사용합
니다.

nothing to do with me
나와는 아무 관련 없는

I have nothing to do.
나는 할 것이 아무것도 없다.

118
★☆☆

ring [riŋ]

명 반지
동 ① (종 등이) 울리다 ② (종 등을) 누르다

연관어
necklace 목걸이
bracelet 팔찌

불규칙동사
(현재) ring
(과거) rang
(과거분사) rung

a wedding ring
결혼 반지

She wants to have a diamond ring.
그녀는 다이아몬드 반지를 갖고 싶다.

119
★★☆

start [stɑːrt]

동 ① 시작하다 ② 출발하다
명 ① 시작 ② 출발

유의어
begin 시작하다

start walking
걷기 시작하다

Let's start from here.
여기부터 출발하자.

120
★☆☆

two [tuː]

명 2, 둘

연관어
one 1
three 3
four 4
five 5

have two puppies
두 마리의 강아지를 가지고 있다

Two is my favorite number.
2는 내가 제일 좋아하는 숫자이다.

Check Check B

1. 사과 두 개 _____ apples

2. 대화를 시작하다 _____ a conversation

3. 아무것도 하지 않다 do _____

4. 집에 늦게 오다 come home _____

5. 초인종을 누르다 _____ the doorbell

DAY 12 Review

A. Korean to English

1. 반지, 울리다   r_____   6. 아무것도 ~아니다 n_____

2. 상태, 조건   c_____   7. 다시   a_____

3. 시작하다   s_____   8. 머리카락   h_____

4. 뼈   b_____   9. 2, 둘   t_____

5. 늦은, 늦게   l_____   10. 사실   f_____

B. Missing Words

two   late   again   condition   nothing

1.

I have _____ to do.
나는 할 것이 아무것도 없다.

2.

She tried it _____.
그녀는 그것을 다시 시도했다.

60

정답: 339쪽

3.

_____ is my favorite number.

2는 내가 제일 좋아하는 숫자이다.

4.

Hurry up, or you'll be _____.

서둘러, 그렇지 않으면 너는 늦을 거야.

5.

Her _____ is improving quickly.

그녀의 상태는 빠르게 나아지고 있다.

C. Unscramble

	단어	뜻
1. <u>r i a h</u>	h ☐ ☐ ☐	_____
2. <u>c a f t</u>	f ☐ ☐ ☐	_____
3. <u>g i r n</u>	r ☐ ☐ ☐	_____
4. <u>n o b e</u>	b ☐ ☐ ☐	_____
5. <u>t a r s t</u>	s ☐ ☐ ☐ ☐	_____

······ DAY 13

121
★★★

against [əgénst]

전 ① ~에 반대하여, ~에 반하여
② ~에 기대어

against the idea
그 생각에 반대하는

Are you for or against my proposal?
당신은 내 제안에 찬성하나요 아니면 반대하나요?

against는 반대한다는 뜻으로, for는 찬성한다는 뜻으로 사용됩니다.

122
★☆☆

book [buk]

명 책

read a book
책을 읽다

I read books almost every day.
나는 거의 매일 책을 읽는다.

book은 '예약하다'라는 뜻의 동사로도 사용됩니다.
예 I booked a hotel room. 나는 호텔 방을 예약했다.

123
★★★

congratulate [kəngrǽtʃuléit]

동 축하하다

want to congratulate you
당신을 축하해 주고 싶다

I congratulated her on winning the award.
나는 그녀가 상을 받은 것을 축하해 주었다.

명 congratulation
축하(인사)

'축하해'의 뜻으로 사용되는 'Congratulations!'는 끝에 s를 꼭 붙여야 합니다.

124
★★☆

fail [feil]

동 ① 실패하다
② (시험에) 떨어지다

fail to finish it
그것을 끝내는 데 실패하다

Unfortunately, he failed the test.
불행하게도 그는 시험에 떨어졌다.

반의어
succeed 성공하다

명 failure 실패
↔ success 성공

125
★★☆

hamburger [hǽmbə̀ːrgər]

명 햄버거

eat a hamburger for lunch
점심으로 햄버거를 먹다

I'll take a hamburger and French fries, please.
햄버거 하나랑 감자튀김으로 할게요.

연관어
sandwich 샌드위치
cheeseburger
치즈버거

Check Check A

1. 책을 쓰다 write a _____

2. 법에 어긋나는(반하는) _____ the law

3. 그의 승리를 축하하다 _____ him on winning it

4. 그것을 하는 데 실패하다 _____ to do it

5. 햄버거를 만들 수 있다 can make a _____

126
★★☆

lazy [léizi]

[형] ① 게으른 ② 느긋한

a lazy boy
게으른 소년

Tony is lazy. He never exercises.
Tony는 게으르다. 그는 운동을 하는 법이 없다.

active 활동적인
energetic 활동적인

127
★☆☆

now [nau]

[부] 지금, 이제

do it now
지금 그것을 하다

I don't want to wait until tomorrow. I want it now!
나는 내일까지 기다리고 싶지 않다. 나는 지금 그것을 원한다!

at the moment
바로 지금

right now 지금 당장
now and then 때때로

128
★☆☆

river [rívər]

[명] 강

swim in the river
강에서 수영하다

There is a beautiful river nearby.
근처에 아름다운 강이 하나 있다.

ocean 바다
lake 호수
pond 연못

129
★★☆

stay [stei]

[동] 머무르다 [명] 머무름

stay where you are
네가 있는 곳에 머무르다

I had to stay home because it rained a lot.
비가 많이 와서 나는 집에 머물러야 했다.

leave 떠나다

130
★★☆

type [taip]

[명] 종류, 유형

different types of cheese
다른 유형의 치즈

What type of skirts do you usually wear?
너는 어떤 종류의 스커트를 주로 입니?

kind 종류

a type of 일종의 ~

Check Check B

1. 너무 게으른 too ＿＿＿＿＿＿

2. 강가에 살다 live by the ＿＿＿＿＿＿

3. 지금 학교에 가고 있는 going to school ＿＿＿＿＿＿

4. 많은 종류의 빵 many ＿＿＿＿＿＿s of bread

5. 여기에 머물러야 한다 should ＿＿＿＿＿＿ here

DAY 13 Review

A. Korean to English

1. 게으른, 느긋한   l_____   6. 책   b_____

2. 종류, 유형   t_____   7. 지금   n_____

3. 축하하다   c_____   8. 햄버거   h_____

4. 머무르다   s_____   9. 강   r_____

5. 실패하다   f_____   10. ~에 반대하여   a_____

B. Missing Words

congratulate   against   river   lazy   hamburger

1.

There is a beautiful _____ nearby.
근처에 아름다운 강이 하나 있다.

2.

I _____d her on winning the award.
나는 그녀가 상을 받은 것을 축하해 주었다.

3.

Tony is _____. He never exercises.

Tony는 게으르다. 그는 운동을 하는 법이 없다.

4.

Are you for or _____ my proposal?

당신은 내 제안에 찬성하나요 아니면 반대하나요?

5.

I'll take a _____ and French fries, please.

햄버거 하나랑 감자튀김으로 할게요.

C. Crossword

ACROSS

1. 책

2. 종류, 유형

3. 실패하다

DOWN

4. 지금

5. 머무르다, 머무름

Word Plus⁺

131 ★★☆

age [eidʒ]   명 나이

at the age of ten
10살에

Henry is the same age as me.
Henry는 나와 같은 나이이다.

나이를 나타낼 때는 "I'm ○○ years old."처럼 사용합니다.

예 I'm 10 years old.
나는 10살입니다.

---

132 ★★★

borrow [bárou]   동 빌리다

borrow 20 dollars from her
그녀에게 20달러를 빌리다

I need to borrow some money.
나는 돈을 조금 빌릴 필요가 있다.

반의어
lend 빌려주다

---

133 ★★☆

control [kəntróul]   동 ① 통제하다 ② 조절하다   명 통제, 지배

control what they do
그들이 하는 것을 통제하다

He is learning how to control his drone.
그는 그의 드론을 통제하는 법을 배우고 있다.

유의어
handle
다루다, 처리하다
manage 다루다

---

134 ★☆☆

fall [fɔːl]   동 ① 넘어지다 ② 떨어지다   명 가을

slip on the ice and fall
얼음에 미끄러져서 넘어지다

Be careful not to fall.
넘어지지 않도록 조심하세요.

CAUTION
WET FLOOR

숙어
fall off 떨어지다

불규칙동사
(현재) fall
(과거) fell
(과거분사) fallen

---

135 ★☆☆

hand [hænd]   명 ① 손 ② 도움   동 건네주다

hold a spoon in my left hand
왼손으로 숟가락을 잡다

When eating, I use my left hand.
밥을 먹을 때 나는 왼손을 사용한다.

연관어
foot 발
finger 손가락
arm 팔

숙어
give ~ a hand
~에게 도움을 주다

Check Check A

1. 가을에 in _____

2. 그에게 도움을 주다 give him a _____

3. 네 나이 때 at your _____

4. 연필을 빌리다 _____ a pencil

5. 속도를 통제하다 _____ the speed

136
★★☆

learn [ləːrn] 　동 배우다

study 공부하다

learn **a different language**
다른 언어를 배우다

I want to learn **a new language.**
나는 새로운 언어를 배우고 싶다.

137
★☆☆

number [nʌmbər] 　명 수, 숫자

숙어
a number of 많은
예 He has a number of problems. 그는 많은 문제를 갖고 있다.

my phone number
내 전화번호

What's your favorite number**?**
네가 제일 좋아하는 숫자는 뭐니?

138
★☆☆

road [roud] 　명 ① 길 ② 도로

유의어
street 도로

walk across the road
길을 건너다

Which road **are you going to take?**
당신은 어떤 길을 선택할 것인가요?

139
★★☆

steak [steik] 　명 스테이크

연관어
well-done 바싹 익힌
medium
중간 정도로 익힌
rare 살짝만 익힌

cook a steak
스테이크를 요리하다

How would you like your steak**?**
스테이크를 어떻게 익혀 드리길 원하나요?

140
★★☆

ugly [ʌgli] 　형 못생긴

반의어
handsome 잘생긴
good-looking 잘생긴
attractive 매력적인

look ugly
못생겨 보이다

The monster is so ugly**.**
그 괴물은 아주 못생겼다.

Check Check B

1. 길 위에 on the _____

2. 나는 법을 배우다 _____ how to fly

3. 저녁으로 스테이크를 먹다 have _____ for dinner

4. 못생긴 새 an _____ bird

5. 내 행운의 숫자 my lucky _____

DAY 14 Review

1. 길, 도로   r_____   6. 손, 도움   h_____

2. 수, 숫자   n_____   7. 나이   a_____

3. 넘어지다, 가을   f_____   8. 못생긴   u_____

4. 빌리다   b_____   9. 통제하다   c_____

5. 스테이크   s_____   10. 배우다   l_____

B. Missing Words

number	learn	control	steak	borrow

1. What's your favorite _____?
   네가 제일 좋아하는 숫자는 뭐니?

2.  I need to _____ some money.
   나는 돈을 조금 빌릴 필요가 있다.

3.

I want to _____ a new language.

나는 외국어를 배우고 싶다.

4.

How would you like your _____?

스테이크를 어떻게 익혀 드리길 원하나요?

5.

He is learning how to _____ his drone.

그는 그의 드론을 통제하는 법을 배우고 있다.

C. Word Search

h	h	a	g	e	c	m
z	a	b	n	h	x	g
t	n	k	t	l	g	r
a	d	f	a	l	l	o
e	u	g	l	y	g	a
b	l	o	v	f	q	d

ACROSS

1. 나이: _____

2. 넘어지다, 가을: _____

3. 못생긴: _____

DOWN

4. 손, 도움: _____

5. 길, 도로: _____

DAY 15

Word Plus⁺

141 ★★☆

ago [əgóu] 부 [시간] ~전에

an hour ago
1시간 전에

It was a long time ago.
그건 오래전에 있었던 일이었다.

유의어
before ~전에

반의어
after ~후에
later 나중에

142 ★★☆

both [bouθ] 형 둘 다의, 양쪽의 대 둘 다, 양쪽

both you and your sister
너와 네 여동생 둘 다

I know both of them.
나는 그들 둘 다 알고 있다.

숙어
both A and B
A와 B 둘 다

143 ★☆☆

cook [kuk] 동 요리하다 명 요리사

cook delicious food
맛있는 음식을 요리하다

My father loves to cook.
우리 아빠는 요리하는 걸 좋아하신다.

유의어
chef 요리사

연관어
boil 끓이다
bake 굽다
fry 튀기다

144 ★★☆

family [fǽməli] 명 가족

love my family
내 가족을 사랑하다

There are four people in my family.
우리 가족은 4명이다.

연관어
grandpa 할아버지
grandma 할머니
father(dad) 아빠
mother(mom) 엄마
brother 남자 형제
sister 여자 형제

145 ★★☆

hang [hæŋ] 동 걸다, 매달다, 걸리다

hang it on the wall
그것을 벽에 걸다

Where do you want me to hang this?
내가 이것을 어디에 걸기를 원하나요?

숙어
hang out
시간을 보내다

불규칙동사
(현재) hang
(과거) hung
(과거분사) hung

Check Check A

1. 우리 둘 다 _____ of us

2. 닭고기를 요리하다 _____ chicken

3. 며칠 전에 a few days _____

4. 내 코트를 걸다 _____ my coat

5. 내 사랑스러운 가족 my lovely _____

70

146 ★★☆

left [left]

형 왼쪽의 명 왼쪽

make a left turn
왼쪽으로 돌다

Go straight and turn left at the light.
직진하다가 신호에서 왼쪽으로 도세요.

반의어

right 오른쪽(의)

💡 left는 leave(떠나다)의 과거형인 left와 철자가 같습니다.

147 ★☆☆

nurse [nə:rs]

명 간호사

become a nurse
간호사가 되다

She is the best nurse in this hospital.
그녀가 이 병원에서 최고의 간호사이다.

연관어

doctor 의사
patient 환자
hospital 병원

148 ★★☆

robot [róubət]

명 로봇

a special AI robot
특별한 인공지능 로봇

The robot can do anything that humans do.
그 로봇은 인간이 하는 건 어떤 것이든 할 수 있다.

연관어

AI 인공지능
(artificial intelligence)

149 ★★☆

stone [stoun]

명 돌, 돌멩이

throw a stone
돌을 던지다

This stone looks like a heart.
이 돌멩이는 하트 모양처럼 보인다.

연관어

rock 바위
pebble 자갈, 조약돌

150 ★★☆

umbrella [ʌmbrélə]

명 우산

bring an umbrella
우산을 가져오다

The girl is using her umbrella.
그 여자아이는 그녀의 우산을 사용하고 있다.

연관어

parasol 파라솔
sunshade
햇빛 가리개, 양산

Check Check B

1. 간호사로 일하다 work as a _____

2. 로봇처럼 행동하다 act like a _____

3. 노란 우산 a yellow _____

4. 당신의 왼쪽에 on your _____

5. 땅 위에 있는 돌들 _____s on the ground

DAY 15 Review

A. Korean to English

1. 요리하다   c_____
2. 왼쪽의, 왼쪽   l_____
3. [시간] ~전에   a_____
4. 돌, 돌멩이   s_____
5. 가족   f_____

6. 로봇   r_____
7. 걸다, 매달다   h_____
8. 우산   u_____
9. 간호사   n_____
10. 둘 다의, 양쪽의   b_____

B. Missing Words

both   umbrella   nurse   ago   stone

1.

   I know _____ of them.
   나는 그들 둘 다 알고 있다.

2.

   It was a long time _____.
   그건 오래전에 있었던 일이었다.

3.

This _____ looks like a heart.

이 돌멩이는 하트 모양처럼 보인다.

4.

The girl is using her _____.

그 여자아이는 그녀의 우산을 사용하고 있다.

5.

She is the best _____ in this hospital.

그녀가 이 병원에서 최고의 간호사이다.

C. Unscramble

	단어	뜻
1. f e l t	l ☐ ☐ ☐	_____
2. k o c o	c ☐ ☐ ☐	_____
3. g n a h	h ☐ ☐ ☐	_____
4. t o r b o	r ☐ ☐ ☐ ☐	_____
5. m a i l f y	f ☐ ☐ ☐ ☐ ☐	_____

DAY 16

151 ★★☆

agree [əgríː] 图 동의하다

agree with you
네 말에 동의하다

They agree with each other.
그들은 서로에게 동의한다.

반의어
disagree 동의하지 않다

152 ★★☆

bottle [bátl] 图 병

water in a bottle
병 속에 있는 물

Recycle the plastic bottle after you drink all the water.
물을 다 마신 뒤에 플라스틱 병을 재활용해라.

연관어
plastic 플라스틱
glass 유리(잔)
recycle 재활용하다

153 ★★☆

cookie [kúki] 图 ① 쿠키 ② (컴퓨터) 쿠키

make chocolate cookies
초콜릿 쿠키를 만들다

Let's eat some cookies.
쿠키를 좀 먹자.

연관어
biscuit 비스킷
snack 간식

154 ★☆☆

fan [fæn] 图 ① 선풍기 ② 부채 ③ 팬

a fan turning slowly
천천히 돌고 있는 선풍기

Please turn off the fan.
선풍기를 꺼 주세요.

🔆 다음 단어들의 철자를 주의
하세요.
fan 선풍기, 팬
pan 프라이팬
pen 펜

155 ★☆☆

happy [hǽpi] 图 행복한

I'm happy to hear that.
나는 그 소식을 들어 기쁘다.

The boy is happy because he took first place.
그 남자아이는 1등을 해서 행복하다.

유의어
pleased 기쁜
glad 기쁜

명 happiness 행복
부 happily 행복하게

Check Check A

1. 쿠키 하나를 먹다 eat one _____

2. 나는 동의하지 않아. I don't _____.

3. 그 행복한 소식 the _____ news

4. 물병을 가져오다 bring a water _____

5. 당신의 열렬한 팬 a huge _____ of yours

156 ★★☆

leg [leg]　　　명 다리

a broken leg
부러진 다리

He broke his leg, and it really hurt.
그는 다리가 부러졌고 정말 아팠다.

break a leg
행운을 빌다

pull someone's leg
장난치다, 놀리다

---

157 ★★☆

of [əv]　　　전 ① ~중의 ② ~의

some of them
그들 중 일부

One of my friends is from London.
내 친구들 중 한 명은 런던 출신이다.

연관어

in/at ~에
for ~을 위해
to ~로
by ~옆에, ~에 의해

---

158 ★☆☆

rock [rak]　　　명 ① 바위 ② 록(음악)

a huge rock
거대한 바위

I took a picture in front of the rock.
나는 그 바위 앞에서 사진을 찍었다.

숙어

sleep like a rock
푹 자다

---

159 ★★☆

stop [stap]
동 멈추다, 멈추게 하다
명 ① 멈춤 ② 정류장

stop playing games
게임 하는 것을 멈추다

Please stop talking.
말하는 걸 멈춰 주세요.

반의어

start 출발하다
begin 시작하다

☼
과거형을 만들 때 p를 두
번 써야 합니다. stopped

---

160 ★☆☆

uncle [ʌŋkl]　　　명 (외)삼촌, 이모부, 고모부

my handsome uncle
내 잘생긴 삼촌

I visited my uncle's farm last week.
나는 지난주에 우리 삼촌의 농장을 방문했다.

연관어

aunt (외)숙모, 이모, 고모
nephew (남자)조카
niece (여자)조카

Check Check B

1. 내 오른쪽 다리 my right _____

2. 내 삼촌을 방문하다 visit my _____

3. 먹는 걸 멈추다 _____ eating

4. 바위 근처에 앉다 sit near the _____

5. 내 머리카락의 색 the color _____ my hair

DAY 16 Review

1. 병   b_____

2. 멈추다, 정류장   s_____

3. ~중의, ~의   o_____

4. 쿠키, (컴퓨터) 쿠키 c_____

5. 바위, 록(음악)   r_____

6. 선풍기, 부채, 팬   f_____

7. 동의하다   a_____

8. (외)삼촌, 이모부 u_____

9. 행복한   h_____

10. 다리   l_____

B. Missing Words

fan	of	agree	happy	stop

1.

Please _____ talking.

말하는 걸 멈춰 주세요.

2.

Please turn off the _____.

선풍기를 꺼 주세요.

76

3.

They _____ with each other.

그들은 서로에게 동의한다.

4.

One _____ my friends is from London.

내 친구들 중 한 명은 런던 출신이다.

5.

The boy is _____ because he took first place.

그 남자아이는 1등을 해서 행복하다.

C. Crossword

ACROSS

1. 병

2. 쿠키, (컴퓨터) 쿠키

DOWN

3. 바위, 록(음악)

4. 다리

5. (외)삼촌, 이모부, 고모부

Word Plus⁺

161 ★★★

ahead [əhéd]

부 ① 앞에 ② (시간) 앞으로 ③ 미리

유의어
in front 앞에
in the future 미래에

walk ahead of us
우리 앞에서 걷다

The finish line is just ahead.
결승선이 바로 앞에 있다.

162 ★★☆

bottom [bátəm]

명 ① 맨 아래 ② 밑바닥

반의어
top 꼭대기

at the bottom of the form
양식 아래쪽에

Sign your name here at the bottom.
당신의 이름을 이곳 아래쪽에 서명하세요.

163 ★☆☆

cool [ku:l]

형 ① 시원한 ② 멋진
동 ① 시원해지다 ② 차게 하다

연관어
warm 따뜻한
hot 뜨거운
cold 추운
great 멋진

a cool breeze
시원한 산들바람

It was a lovely cool evening.
사랑스럽고 멋진 저녁이었다.

164 ★★☆

far [fa:r]

형 먼 부 (장소) 멀리

반의어
near 근처(에)

숙어
as far as I know
내가 아는 한
so far 지금까지

live far from here
여기에서 멀리 살다

How far is it from Seoul to Busan?
서울에서 부산까지 얼마나 먼가요?

165 ★★☆

hard [ha:rd]

형 ① 어려운 ② 힘든 ③ 딱딱한
부 열심히

유의어
difficult 어려운
solid 단단한, 고체의

반의어
easy 쉬운

a hard question
어려운 문제

It's hard for him to solve these math problems.
그가 이 수학 문제들을 해결하기는 어렵다.

Check Check A

1. 멀리 가다 go _____

2. 앞쪽으로 달려가다 run _____

3. 열심히 일하다 work _____

4. 시원한 날씨 _____ weather

5. 페이지 맨 아래 the _____ of the page

166
★★☆

lesson [lésn]

명 ① 수업, 강습 ② (교재의) 과
③ 교훈

take a lesson
수업을 듣다

She has never taken any piano lessons.
그녀는 피아노 수업을 들어 본 적이 없다.

숙어
teach ~ a lesson
~에게 교훈을 주다

167
★★☆

off [ɔːf]

부 떨어져서, 벗어나서
전 ~에서 떨어져, ~을 벗어나서

keep off the grass
잔디에서 멀리 떨어지다

My little brother fell off the ladder.
내 남동생이 사다리에서 떨어졌다.

숙어
fall off ~에서 떨어지다
take a day off
하루 휴가를 얻다

168
★☆☆

room [ruːm]

명 방

stay in my room
내 방에 머무르다

This is my room.
이것이 내 방이다.

연관어
bedroom 침실
bathroom 욕실
living room 거실
kitchen 부엌

169
★☆☆

store [stɔːr]

명 가게, 상점

buy many things in the store
그 가게에서 많은 것을 사다

The new store is open 24 hours a day.
그 새로 생긴 가게는 하루에 24시간 동안 문을 연다.

연관어
department store
백화점
grocery store
식료품 가게
convenience store
편의점

170
★★☆

under [ʌndər]

전 ① ~의 아래에
② [연령/가격] ~미만의

find it under the bed
침대 아래에서 그것을 찾다

There is a soccer ball under the chair.
의자 아래에 축구공이 하나 있다.

연관어
on ~위에
by ~옆에
in ~안에
behind ~뒤에
in front of ~앞에

Check Check B

1. 식료품 가게 a grocery _____

2. 다리 아래에 _____ the bridge

3. 수영 강습 a swimming _____

4. 그의 방을 청소하다 clean his _____

5. 도망가다(벗어나서 달리다) run _____

79

DAY 17 Review

A. Korean to English

1. 어려운, 딱딱한   h_____   6. 떨어져서   o_____

2. 가게, 상점   s_____   7. 맨 아래, 밑바닥   b_____

3. 시원한, 멋진   c_____   8. ~의 아래에   u_____

4. 수업, 과, 교훈   l_____   9. 먼, [장소] 멀리   f_____

5. 앞에, 미리   a_____   10. 방   r_____

B. Missing Words

ahead   lesson   store   under   bottom

1.

The finish line is just _____.
결승선이 바로 앞에 있다.

2.

Sign your name here at the _____.
당신의 이름을 이곳 아래쪽에 서명하세요.

3.

There is a soccer ball _____ the chair.
의자 아래에 축구공이 하나 있다.

4.

She has never taken any piano _____s.
그녀는 피아노 수업을 들어 본 적이 없다.

5.

The new _____ is open 24 hours a day.
그 새로 생긴 가게는 하루에 24시간 동안 문을 연다.

C. Word Search

o	r	n	e	z	o	i
c	o	o	l	c	p	o
x	o	d	u	g	n	f
s	m	f	a	r	s	f
r	w	r	u	w	j	i
y	u	v	h	a	r	d

ACROSS

1. 시원한, 멋진: _____

2. 먼, [장소] 멀리: _____

3. 어려운, 딱딱한: _____

DOWN

4. 방: _____

5. 떨어져서, 벗어나서: _____

81

Word Plus⁺

171
★☆☆

air [εər] 명 ① 공기 ② 대기

need to put more air in
공기를 조금 더 넣어야 한다

He is blowing air into the balloon.
그는 풍선에 공기를 불어 넣고 있다.

연관어
breathe 숨을 쉬다
fresh 맑은
gas 기체

172
★☆☆

box [baks] 명 상자

an empty box
텅 빈 상자

Did you know the box is empty?
너는 그 상자가 텅 빈 상태라는 걸 알았니?

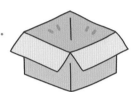

box는 '권투를 하다'라는 동사로도 사용됩니다.

173
★★☆

corner [kɔ́ːrnər] 명 ① 구석, 모서리 ② 길모퉁이

look around the corner
구석 주변을 살펴보다

There is a flower shop on the corner.
코너에 꽃 가게가 하나 있다.

연관어
edge 가장자리
center 가운데, 중심

174
★★☆

farm [faːrm] 명 농장

take care of farm animals
농장 동물들을 돌보다

My grandpa has a small farm.
우리 할아버지는 작은 농장을 하나 갖고 계신다.

연관어
farmer 농부

175
★★☆

hat [hæt] 명 모자

need a hat
모자가 필요하다

I bought this hat for my mom.
나는 우리 엄마에게 이 모자를 사 드렸다.

유의어
cap (챙이 달린) 모자

Check Check A

1. 농장에서 일하다 work on a _____

2. 그 큰 상자를 옮기다 move the big _____

3. 테이블 모서리에 on the _____ of the table

4. 모자를 쓰다 wear a _____

5. 맑은 공기를 마시다 get fresh _____

176 ★★☆

letter [létər] 명 ① 편지 ② 글자

write a letter
편지를 쓰다

I'll send this letter after school today.
나는 오늘 방과 후에 이 편지를 보낼 것이다.

연관어
write 쓰다
send 보내다
word 단어

177 ★★☆

office [ɔ́ːfis] 명 사무실

my new office
나의 새 사무실

This is the teachers' office.
이곳이 교무실이다.

연관어
official
공식적인, 공무상의

178 ★★☆

rose [rouz] 명 장미

the meaning of a red rose
빨간 장미의 의미

She received a beautiful rose on her birthday.
그녀는 생일에 아름다운 장미 한 송이를 받았다.

연관어
flower 꽃
daisy 데이지
sunflower 해바라기
tulip 튤립
lily 백합

179 ★★☆

story [stɔ́ːri] 명 이야기

tell us a funny story
우리에게 재미있는 이야기를 해주다

"The Three Little Pigs" is an interesting story.
'아기 돼지 삼형제'는 흥미로운 이야기이다.

story의 복수형은 stories
라고 씁니다.

180 ★★★

understand [ʌndərstǽnd] 동 이해하다

try to understand the rules
규칙을 이해하려고 노력하다

I don't understand this math problem.
나는 이 수학 문제를 이해하지 못한다.

불규칙동사
(현재) understand
(과거) understood
(과거분사) understood

Check Check B

1. 이야기를 읽다 read a _____

2. 그의 사무실을 방문하다 visit his _____

3. 그가 말한 걸 이해하다 _____ what he said

4. 그녀에게 편지를 받다 get a _____ from her

5. 장미 한 송이를 사다 buy a _____

DAY 18 Review

A. Korean to English

1. 농장   f_____
2. 편지, 글자   l_____
3. 이해하다   u_____
4. 공기, 대기   a_____
5. 장미   r_____

6. 사무실   o_____
7. 상자   b_____
8. 이야기   s_____
9. 구석, 모서리   c_____
10. 모자   h_____

B. Missing Words

understand   air   story   hat   box

1.
   I don't _____ this math problem.
   나는 이 수학 문제를 이해하지 못한다.

2.
   I bought this _____ for my mom.
   나는 우리 엄마에게 이 모자를 사 드렸다.

정답: 342쪽

3.

Did you know the _____ is empty?

너는 그 상자가 텅 빈 상태라는 걸 알았니?

4.

He is blowing _____ into the balloon.

그는 풍선에 공기를 불어 넣고 있다.

5.

"The Three Little Pigs" is an interesting

_____.

'아기 돼지 삼형제'는 흥미로운 이야기이다.

C. Unscramble

	단어	뜻
1. <u>s o e r</u>	r ☐ ☐ ☐	_____
2. <u>r a m f</u>	f ☐ ☐ ☐	_____
3. <u>r e t t l e</u>	l ☐ ☐ ☐ ☐ ☐	_____
4. <u>f o f e c i</u>	o ☐ ☐ ☐ ☐ ☐	_____
5. <u>r o c e r n</u>	c ☐ ☐ ☐ ☐ ☐	_____

DAY 19

181
★★☆

airplane [érplein] 명 비행기

have a private airplane
전용기를 갖고 있다

I made a paper airplane and played with it.
나는 종이비행기를 만들었고 그것을 가지고 놀았다.

유의어
plane 비행기

연관어
helicopter 헬리콥터
chopper 헬리콥터
spacecraft 우주선

182
★☆☆

boy [bɔi] 명 소년, 남자아이

a kind boy
친절한 소년

Who is the boy wearing the cap?
모자 쓰고 있는 저 남자아이는 누구니?

연관어
girl 소녀
kid 아이
child 아이
children 아이들
teen 10대
adult 성인, 어른

183
★★★

cost [kɔːst] 동 (가격, 비용이) 들다 / 명 가격, 비용

cost a lot
비용이 많이 들다

It costs a thousand dollars.
그건 1천 달러의 비용이 든다.

불규칙동사
(현재) cost
(과거) cost
(과거분사) cost

184
★☆☆

fast [fæst] 부 빠르게 / 형 빠른

move fast
빠르게 움직이다

My puppy runs so fast that I can't follow it.
내 강아지는 아주 빨리 달려서 내가 따라갈 수가 없다.

유의어
quick 빠른
quickly 빠르게

반의어
slow 느린, 느리게
slowly 느리게

185
★★☆

hate [heit] 동 미워하다, 아주 싫어하다

hate him a lot
그를 많이 미워하다

My brother and I hate each other.
내 남동생과 나는 서로 싫어한다.

반의어
like 좋아하다
love 사랑하다

Check Check A

1. 빠르게 운전하다 drive _____

2. 비행기에 타다 get on an _____

3. 높은 주거 비용 the high _____ of housing

4. 캠핑을 아주 싫어하다 _____ camping

5. 남자아이와 여자아이 a _____ and a girl

86

186 ★★★

library [láibrèri] 명 도서관, 서재

study in the library
도서관에서 공부하다

They went to the library and read books.
그들은 도서관에 가서 책을 읽었다.

borrow 빌리다
return 돌려주다
librarian 사서

187 ★★☆

often [ɔ́ːf(t)ən] 부 자주, 종종

often get together
자주 모이다

I often play soccer with my friends.
나는 종종 친구들과 축구를 한다.

연관어

always 항상
usually 대개, 보통
sometimes 가끔, 때때로
rarely 거의 ~않다
never 절대 ~하지 않는다

188 ★☆☆

run [rʌn]
동 ① 달리다 ② 운영하다
명 ① 달리기 ② 도망

run fast
빨리 달리다

The children love to run in the park.
그 아이들은 공원에서 달리는 걸 좋아한다.

불규칙동사

(현재) run
(과거) ran
(과거분사) run

189 ★☆☆

street [striːt] 명 ① 거리 ② 도로

walk down the street
거리를 걷다

Look both ways when you cross the street.
도로를 건널 때 양쪽을 살펴라.

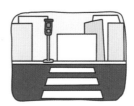

유의어

road 길, 도로

숙어

across the street
길을 가로질러
along the street
길을 따라서

190 ★★☆

up [ʌp] 부 위로 전 ~위에

turn the volume up
볼륨을 높이다

She looked up at the stars in the night sky.
그녀는 밤하늘의 별들을 향해 위로 올려 보았다.

숙어

be up to ~
~가 결정할 일이다
stand up 일어나다
wake up (잠에서) 깨다

Check Check B

1. 도로를 건너다 cross the _____

2. 네 손을 위로 들다 put your hands _____

3. 종종 영화를 보러 가다 _____ go to the movies

4. 학교로 달리다 _____ to school

5. 도서관에서 일하다 work at the _____

DAY 19 Review

1. (가격, 비용이) 들다   c_____   6. 도서관, 서재   l_____

2. 미워하다   h_____   7. 거리, 도로   s_____

3. 위로, ~위에   u_____   8. 빠르게, 빠른   f_____

4. 달리다   r_____   9. 비행기   a_____

5. 소년, 남자아이   b_____   10. 자주, 종종   o_____

B. Missing Words

run   airplane   library   boy   up

1.

Who is the _____ wearing the cap?
모자 쓰고 있는 저 남자아이는 누구니?

2.

The children love to _____ in the park.
그 아이들은 공원에서 달리는 걸 좋아한다.

3. They went to the _____ and read books.
그들은 도서관에 가서 책을 읽었다.

4. I made a paper _____ and played with it.
나는 종이비행기를 만들었고 그것을 가지고 놀았다.

5. She looked _____ at the stars in the night sky.
그녀는 밤하늘의 별들을 향해 위로 올려 보았다.

C. Crossword

3

4   5

| 1 | | | |

| 2 | | | | | |

ACROSS

1. 빠르게, 빠른

2. 거리, 도로

DOWN

3. 미워하다, 아주 싫어하다

4. 가격, 비용

5. 자주, 종종

89

Word Plus⁺

191 ★★☆
album [ǽlbəm]

명 ① 사진첩
② [음악] 앨범

연관어
photo 사진
photo book 포토북
recording 녹음

a photo album
사진 앨범

I put the best photos into the album.
나는 최고의 사진들을 앨범에 넣었다.

192 ★★☆
brave [breiv]

형 용감한

반의어
coward 겁쟁이

a very brave woman
아주 용감한 여자

My little sister is very brave.
내 여동생은 아주 용감하다.

193 ★★☆
could [kud]

조 ① can의 과거형
② [허락] ~해도 될까

"Could you ~?"는 부탁의 표현으로 사용됩니다. (이때는 can의 과거가 아님)
예 Could you give me a hand? 나를 좀 도와줄 수 있니?

could finish it
그것을 끝낼 수 있었다

The box was so heavy that no one could lift it.
그 상자는 매우 무거워서 누구도 들어 올릴 수가 없었다.

194 ★☆☆
fat [fæt]

형 살찐, 뚱뚱한
명 지방

유의어
overweight 비만의

반의어
thin 마른

look fat
살쪄 보이다

My cat is fat because he eats too much.
내 고양이는 뚱뚱한데 너무 많이 먹기 때문이다.

195 ★☆☆
have [hæv]

동 ① 가지고 있다 ② 먹다

불규칙동사
(현재) have
(과거) had
(과거분사) had

주어가 3인칭 단수일 때는 has로 씁니다. (He has…)

have a pet
반려동물을 가지고 있다

They have a cute dog named Max.
그들은 Max라는 귀여운 강아지가 있다.

Check Check A

1. 용감한 군인 a _____ soldier

2. 빨리 달릴 수 있었다 _____ run fast

3. 그의 새 앨범 his new _____

4. 아침을 먹다 _____ breakfast

5. 살이 찌지 않는다 never get _____

196 ★★☆

lie [lai]
동 ① 거짓말하다 ② 눕다
명 거짓말

tell a lie
거짓말을 하다

Don't lie to me.
내게 거짓말하지 마라.

(현재) lie
(과거) lay   ┐ '눕다'의
(과거분사) lain ┘ 뜻일 때

불규칙동사
(현재) lie
(과거) lied   ┐ '거짓말
(과거분사) lied ┘ 하다'의
              뜻일 때

197 ★☆☆

oil [ɔil]
명 ① 기름 ② 석유

add some olive oil
올리브 오일을 조금 첨가하다

We need cooking oil to make some food.
우리는 음식을 만들기 위해 식용유가 필요하다.

유의어
petroleum 석유

198 ★☆☆

sad [sæd]
형 슬픈

have some sad news
슬픈 소식이 있다

She became sad when she heard the news.
그녀는 그 소식을 듣고 슬퍼졌다.

유의어
unhappy 불행한
반의어
happy 행복한
pleased 기쁜
명 sadness 슬픔

199 ★★☆

strong [strɔːŋ]
형 강한, 힘센

strong enough to do it 그것을 할 만큼 충분히 강한
He works out every day because he wants to be strong.
그는 힘이 세지고 싶어서 매일 운동한다.

반의어
weak 약한
명 strength 힘, 강점

200 ★★☆

use [juːz]
동 사용하다 명 ① 사용 ② 용도

use a smartphone
스마트폰을 사용하다

We often use the Internet when doing homework.
우리는 숙제를 할 때 종종 인터넷을 사용한다.

명 usage 용법, 사용(량)
형 useful 유용한

Check Check B

1. 힘센 남자 a _____ man

2. 슬픔을 느끼다 feel _____

3. 절대 내게 거짓말하지 마. Never _____ to me.

4. 석유 산업 the _____ industry

5. 그의 펜을 사용하다 _____ his pen

DAY 20 Review

A. Korean to English

1. 용감한   b_____

2. 강한, 힘센   s_____

3. 거짓말하다   l_____

4. can의 과거형   c_____

5. 슬픈   s_____

6. 살찐, 지방   f_____

7. 기름, 석유   o_____

8. 사진첩   a_____

9. 사용하다   u_____

10. 가지고 있다   h_____

B. Missing Words

album   have   strong   brave   could

1.

My little sister is very _____.
내 여동생은 아주 용감하다.

2.

I put the best photos into the _____.
나는 최고의 사진들을 앨범에 넣었다.

3.

They _____ a cute dog named Max.

그들은 Max라는 귀여운 강아지가 있다.

4.

The box was so heavy that no one _____ lift it.

그 상자는 매우 무거워서 누구도 들어 올릴 수가 없었다.

5.

He works out every day because he wants to be _____.

그는 힘이 세지고 싶어서 매일 운동한다.

C. Word Search

i	y	e	w	c	d	f
h	m	i	d	u	s	e
k	h	z	z	r	a	s
o	i	l	i	f	d	j
i	g	i	u	a	h	o
b	j	e	j	t	y	v

ACROSS

1. 사용하다, 사용: _____

2. 기름, 석유: _____

DOWN

3. 거짓말(하다), 눕다: _____

4. 살찐, 뚱뚱한, 지방: _____

5. 슬픈: _____

DAY 21

Word Plus⁺

201
★★☆

all [ɔːl]　　형 모든　대 모두

all of them
그(것)들 모두

All the eggs are broken.
모든 달걀이 깨졌다.

유의어
every 모든

202
★☆☆

bread [bred]　　명 빵

a loaf of bread
한 덩이의 빵

I learned how to bake bread.
나는 빵 굽는 법을 배웠다.

연관어
bake 굽다
bakery 빵집
doughnut 도넛
milk 우유
butter 버터

203
★★☆

country [kʌntri]　　명 ① 나라 ② 시골

my native country
내 조국(모국)

My heart is filled with love for my country.
내 심장은 내 나라를 위한 사랑으로 가득 차 있다.

유의어
nation 나라, 국가

반의어
city 도시

204
★★☆

father [fáːðər]　　명 아버지, 아빠

a father and a son
아버지와 아들

Chris likes his father a lot.
Chris는 그의 아버지를 많이 좋아한다.

유의어
dad 아빠

연관어
mother 어머니
parents 부모님

205
★☆☆

he [hiː]　　대 그, 그 남자

Who is he?
그는 누구니?

He is a professional gamer.
그는 프로게이머이다.

연관어
she 그녀
it 그것
they 그들

> Check Check A

1. 큰 나라 a big _____

2. 빵과 우유 _____ and milk

3. Tony의 아버지 Tony's _____

4. 그가 어디에 있는지 where _____ is

5. 그 학생들 모두 _____ of the students

206
★★☆

life [laif]
명 ① 인생 ② 생명

most of my life
내 인생의 대부분

The firefighter saved the girl's life.
그 소방관이 그 여자아이의 생명을 구했다.

207
★☆☆

okay [óukéi]
감 오케이, 그래, 응 (= okey / OK) 형 괜찮은

유의어

alright 알았어
yeah 응, 그래
yes 응

I am okay.
나는 괜찮아.

Okay, I got it.
그래, 알겠어.

208
★★☆

safe [seif]
형 안전한 명 금고

반의어

dangerous 위험한

명 safety 안전

a safe place
안전한 장소

He needs a new safe.
그는 새 금고가 필요하다.

209
★★☆

study [stʌdi]
동 ① 공부하다 ② 연구하다
명 ① 공부 ② 연구

유의어

learn 배우다

연관어

student 학생

study for the test
시험 공부를 하다

I went to the library to study math.
나는 수학 공부를 하기 위해 도서관에 갔다.

210
★★★

vegetable [védʒətəbl]
명 채소

연관어

spinach 시금치
cucumber 오이
broccoli 브로콜리

many types of vegetables
많은 종류의 채소

Eating vegetables is good for your health.
채소를 먹는 건 네 건강에 좋다.

Check Check B

1. 영어를 공부하다 _____ English

2. 아주 안전하지는 않은 not very _____

3. 그래, 가자. _____, let's go.

4. 채소를 먹어야 한다 should eat _____s

5. 내 인생의 나머지 the rest of my _____

DAY 21 Review

1. 아버지, 아빠	f_____	6. 오케이, 그래	o_____
2. 채소	v_____	7. 빵	b_____
3. 공부하다	s_____	8. 그, 그 남자	h_____
4. 모든, 모두	a_____	9. 안전한, 금고	s_____
5. 인생, 생명	l_____	10. 나라, 시골	c_____

B. Missing Words

study　　　vegetable　　　father　　　he　　　country

1.

Chris likes his _____ a lot.
Chris는 그의 아버지를 많이 좋아한다.

2.

_____ is a professional gamer.
그는 프로게이머이다.

3.

I went to the library to _____ math.

나는 수학 공부를 하기 위해 도서관에 갔다.

4.

Eating _____s is good for your health.

채소를 먹는 건 네 건강에 좋다.

5.

My heart is filled with love for my _____.

내 심장은 내 나라를 위한 사랑으로 가득 차 있다.

C. Unscramble

	단어	뜻
1. <u>l a l</u>	a ☐ ☐	_____
2. <u>f i l e</u>	l ☐ ☐ ☐	_____
3. <u>k y a o</u>	o ☐ ☐ ☐	_____
4. <u>f a s e</u>	s ☐ ☐ ☐	_____
5. <u>r e b a d</u>	b ☐ ☐ ☐ ☐	_____

211
★★★

almost [ɔ́:lmoust] 부 거의

almost **ready**
거의 준비가 다 된

It's almost **six o'clock now.**
지금 거의 6시 정각이다.

유의어
nearly 거의

212
★★☆

break [breik]
동 ① 깨뜨리다 ② (규칙 등을) 어기다
명 짧은 휴식

be careful not to break **it**
그것을 깨지 않도록 조심하다

I didn't break **the vase.**
나는 그 꽃병을 깨뜨리지 않았다.

불규칙동사
(현재) break
(과거) broke
(과거분사) broken

213
★★☆

couple [kʌpl]
명 ① 한 쌍, 두 사람[개]
② 몇 명[개] ③ 커플

a couple **of dishes**
음식 몇 가지

The couple **enjoyed a delicious dinner together.**
그 커플은 함께 맛있는 저녁 식사를 즐겼다.

숙어
a couple of ~
2~3개[명]의 ~
예 a couple of students
2~3명의 학생들

214
★★★

favorite [féivərit] 형 매우 좋아하는, 가장 좋아하는

my favorite **shirt**
내가 가장 좋아하는 셔츠

Her favorite **color is pink.**
그녀가 가장 좋아하는 색은 핑크색이다.

미국 영어에서는
favorite로,
영국 영어에서는
favourite로
표기합니다.

215
★☆☆

head [hed]
명 머리 동 가다

on your head
네 머리에

This hat can keep your head **warm.**
이 모자는 네 머리를 따뜻하게 유지해 줄 수 있다.

유의어
go 가다

연관어
boss 상사, 사장
leader 지도자

Check Check A

1. 아름다운 한 쌍 a beautiful _____

2. 내가 가장 좋아하는 음식 my _____ food

3. 거의 다 끝난 _____ finished

4. 그 규칙들을 어기다 _____ the rules

5. 그녀의 머리를 흔들다 shake her _____

216
★★☆

light [lait]

몡 빛 혱 ① 연한 ② 가벼운
동 불을 붙이다

a bright light
밝은 빛

The light from the lamp helps me read books.
램프의 빛이 내가 책을 읽는 데 도움을 준다.

유의어
flash 번쩍임

반의어
darkness 어둠
heavy 무거운

217
★☆☆

old [ould]

혱 ① 나이가 ~인
② 나이 많은 ③ 오래된

not old enough to do it
그것을 하기에 나이가 충분치 않은

He is five years old now.
그는 이제 다섯 살이다.

유의어
ancient 고대의
elder 나이가 더 많은

반의어
young 젊은, 어린

218
★★☆

salad [sǽləd] 몡 샐러드

soup or salad
수프 혹은 샐러드

I had a bowl of salad.
나는 샐러드 한 그릇을 먹었다.

salad는 특정한 샐러드를 가리키는 경우를 제외하고 는 셀 수 없는 명사로 사용 됩니다.

219
★★☆

style [stail] 몡 ① 스타일 ② 유행 ③ 방식

a unique style
독특한 스타일

She'll have her hair cut in a nice style.
그녀는 멋진 스타일로 머리를 자를 것이다.

유의어
way 방법, 방식
manner 방식, 태도

220
★☆☆

very [véri] 뷔 매우, 아주

a very good pen
아주 좋은 펜

This red pen is very expensive.
이 빨간 펜은 아주 비싸다.

유의어
so 매우
too 너무

Check Check B

1. 아주 좋은 _____ good

2. 내 스타일이 아닌 not my _____

3. 촛불에 불을 붙이다 _____ the candle

4. 그 오래된 집을 팔다 sell the _____ house

5. 샐러드 그릇이 필요하다 need a _____ bowl

DAY 22 Review

A. Korean to English

1. 머리, 가다   h_____   6. 오래된   o_____

2. 한 쌍   c_____   7. 거의   a_____

3. 스타일, 방식   s_____   8. 매우, 아주   v_____

4. 빛, 연한, 가벼운 l_____   9. 매우 좋아하는 f_____

5. 깨뜨리다   b_____   10. 샐러드   s_____

B. Missing Words

favorite   break   light   couple   almost

1.
I didn't _____ the vase.
나는 그 꽃병을 깨뜨리지 않았다.

2.
It's _____ six o'clock now.
지금 거의 6시 정각이다.

3.

Her _____ color is pink.

그녀가 가장 좋아하는 색은 핑크색이다.

4.

The _____ enjoyed a delicious dinner together.

그 커플은 함께 맛있는 저녁 식사를 즐겼다.

5.

The _____ from the lamp helps me read books.

램프의 빛이 내가 책을 읽는 데 도움을 준다.

C. Crossword

ACROSS

1. 샐러드

2. 매우, 아주

3. 머리, 가다

DOWN

1. 스타일, 유행, 방식

4. 나이가 ~인, 나이 많은

DAY 23

Word Plus⁺

221 ★★☆

alone [əlóun] 형 혼자인 부 혼자

live alone
혼자 살다

The little dog is walking alone.
그 작은 개는 혼자 걷고 있다.

유의어
on one's own 혼자
by oneself 혼자

반의어
together 함께

222 ★★☆

breakfast [brékfəst] 명 아침 식사

have breakfast
아침을 먹다

I had toast and coffee for breakfast.
나는 아침 식사로 토스트와 커피를 먹었다.

'아침을 먹다'라고 말할 때 'have breakfast'처럼 breakfast 앞에 관사를 쓰지 않습니다.

223 ★★★

course [kɔːrs] 명 ① 강좌 ② 과정

a three-month course
3개월짜리 강좌

I'd like to take a writing course.
나는 글쓰기 강좌를 듣고 싶다.

연관어
class 수업, 학급
lesson 수업
lecture 강의

224 ★☆☆

feel [fiːl] 동 느끼다, ~한 기분이 들다

feel sad
슬픔을 느끼다

I don't feel good today.
나는 오늘 기분이 좋지 않다.

불규칙동사
(현재) feel
(과거) felt
(과거분사) felt

225 ★★☆

heart [haːrt] 명 ① 하트(모양) ② 심장 ③ 마음

a big red heart
커다란 빨간색 하트

Please draw a heart.
하트를 하나 그리세요.

연관어
lung 폐
liver 간
stomach 위

Check Check A

1. 심장을 통해서 through the _____

2. 혼자 살기를 원하다 want to live _____

3. 훈련 과정 a training _____

4. 배고픔을 느끼다 _____ hungry

5. 아침을 먹지 않았다 didn't have _____

226
★☆☆

like [laik] 동 좋아하다 전 ~같은, ~처럼

like **a real player**
진짜 선수처럼

I like **sports a lot.**
나는 스포츠를 많이 좋아한다.

유의어
love 사랑하다
such as ~같은

반의어
dislike 싫어하다
unlike ~와 다른

227
★☆☆

on [ɔːn] 전 ① ~의 위에 ② [시간] ~에

on **the floor**
마루(바닥) 위에

There is a pen on **the table.**
테이블 위에 펜이 하나 있다.

연관어
under 아래에
behind 뒤에
in front of ~의 앞쪽에

228
★★☆

sale [seil] 명 ① 판매 ② 할인(세일)

It's on sale **now.**
그건 지금 할인 중이야.

This house is for sale**.**
이 집은 판매 중이다.

숙어
for sale 판매 중인
on sale 할인 중인, 판매 중인

229
★★☆

subway [sʌ́bwèi] 명 지하철

go to school by subway
지하철로 학교에 가다

You'd better take the subway**.**
너는 지하철을 이용하는 게 좋겠다.

'지하철'을 미국에서는 subway로, 영국(특히 런던)에서는 tube라고 부릅니다.

230
★☆☆

video [vídiòu] 명 ① 비디오 ② 녹화 동 녹화하다

make a short video
짧은 비디오를 제작하다

We watched an interesting video**.**
우리는 흥미로운 영상을 시청했다.

연관어
camera 카메라
record 기록, 녹음하다
film 영화, 촬영하다

Check Check B

1. 네 아버지처럼 _____ your father

2. 재고 정리 할인 a clearance _____

3. 지하철역 a _____ station

4. 네 머리 위에 _____ your head

5. 비디오를 업로드하다 upload a _____

103

DAY 23 Review

1. 느끼다   f_____

2. 지하철   s_____

3. 좋아하다, ~같은   l_____

4. 아침 식사   b_____

5. 판매, 할인(세일)   s_____

6. 혼자인, 혼자   a_____

7. ~의 위에, ~에   o_____

8. 강좌, 과정   c_____

9. 하트, 심장, 마음   h_____

10. 비디오, 녹화   v_____

| B. Missing Words |

heart   course   alone   breakfast   subway

1.

Please draw a _____.
하트를 하나 그리세요.

2.

You'd better take the _____.
너는 지하철을 이용하는 게 좋겠다.

정답: 345쪽

3.

The little dog is walking _____.

그 작은 개는 혼자 걷고 있다.

4.

I'd like to take a writing _____.

나는 글쓰기 강좌를 듣고 싶다.

5.

I had toast and coffee for _____.

나는 아침 식사로 토스트와 커피를 먹었다.

C. Word Search

f	p	v	u	y	n	l
v	s	r	l	t	s	i
i	s	e	q	d	a	k
d	k	f	e	e	l	e
e	p	z	o	n	e	p
o	r	d	z	f	d	m

ACROSS

1. 느끼다: _____

2. ~의 위에: _____

DOWN

3. 비디오, 녹화: _____

4. 판매, 할인(세일): _____

5. 좋아하다, ~같은: _____

Word Plus⁺

231
★★★

along [əlɔ́ːŋ] 전 ~을 따라서

along the road
길을 따라서

She is running along the river.
그녀는 강을 따라서 뛰고 있다.

숙어
get along with
~와 잘 지내다

232
★★☆

bridge [bridʒ] 명 다리

a bridge across the river
강을 가로지르는 다리

Look at the beautiful bridge.
저 아름다운 다리를 좀 봐.

미국 샌프란시스코의 Golden Gate Bridge 와 영국 런던의 Tower Bridge는 관광 명소로 유명합니다.

233
★★☆

court [kɔːrt] 명 ① 경기장 ② 법정

get together on the court
경기장에 모이다

There was no one on the basketball court.
농구 경기장 안에는 아무도 없었다.

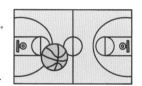

연관어
judge 판사
lawyer 변호사
witness 목격자

234
★★☆

festival [féstəvəl] 명 축제

a local festival
지역 축제

We enjoyed the fireworks festival.
우리는 불꽃놀이 축제를 즐겼다.

유의어
celebration 축하 행사
carnival 축제

235
★★☆

heat [hiːt] 명 열(기) 동 뜨겁게 데우다

on high/low heat
높은/낮은 열로

I'm going to heat the soup.
나는 그 수프를 뜨겁게 데울 것이다.

유의어
warm 따뜻한, 데우다

반의어
freeze 얼리다

Check Check A

1. 테니스 경기장 a tennis _____

2. 그 불의 열기 the _____ of the fire

3. 축제를 즐기다 enjoy the _____

4. 가장 긴 다리 the longest _____

5. 해변을 따라서 걷다 walk _____ the beach

236 ★☆☆

line [lain] 명 ① 선 ② 줄

straight line 직선
curved line 곡선

inside the pencil line
연필 선 안쪽으로

He is drawing a straight line.
그는 직선을 그리고 있다.

---

237 ★☆☆

one [wʌn] 명 I, 하나

one은 앞에서 언급한 사람
이나 사물을 가리킬 때 사
용하기도 합니다.

예 I like that one, too.
나도 그것이 마음에 들어.

number one
숫자 1

I have to finish this by one o'clock.
나는 이것을 1시까지 끝내야 한다.

---

238 ★★☆

salt [sɔːlt] 명 소금

pepper 후추
sugar 설탕

형 salty 짭짤한

put more salt
소금을 조금 더 넣다

Could you pass me the salt?
소금을 제게 건네주시겠어요?

---

239 ★★☆

sugar [ʃúgər] 명 설탕

sweet 달콤한
salt 소금

salt and sugar
소금과 설탕

The male chef uses too much sugar.
그 남성 요리사는 설탕을 너무 많이 사용한다.

---

240 ★☆☆

violin [vàiəlín] 명 바이올린

cello 첼로
flute 플루트
violinist 바이올린 연주자

play the violin
바이올린을 연주하다

She practices the violin every day.
그녀는 매일 바이올린을 연습한다.

Check Check B

1. 소금과 후추 _____ and pepper

2. 긴 선을 그리다 draw a long _____

3. 새 바이올린이 필요하다 need a new _____

4. 많은 양의 설탕을 넣다 put a lot of _____

5. 한 마리의 코끼리를 봤다 saw _____ elephant

DAY 24 Review

A. Korean to English

1. I, 하나   o_____   6. 바이올린   v_____

2. 축제   f_____   7. 다리   b_____

3. 설탕   s_____   8. 열(기)   h_____

4. 경기장, 법정   c_____   9. 소금   s_____

5. 선, 줄   l_____   10. ~을 따라서   a_____

B. Missing Words

festival   along   violin   bridge   court

1.

Look at the beautiful _____.
저 아름다운 다리를 좀 봐.

2.

She is running _____ the river.
그녀는 강을 따라서 뛰고 있다.

3.

We enjoyed the fireworks _____.
우리는 불꽃놀이 축제를 즐겼다.

4.

She practices the _____ every day.
그녀는 매일 바이올린을 연습한다.

5.

There was no one on the basketball _____.
농구 경기장 안에는 아무도 없었다.

C. Unscramble

	단어	뜻
1. <u>n e o</u>	o ☐ ☐	_____
2. <u>t a l s</u>	s ☐ ☐ ☐	_____
3. <u>n i l e</u>	l ☐ ☐ ☐	_____
4. <u>h a t e</u>	h ☐ ☐ ☐	_____
5. <u>s a r u g</u>	s ☐ ☐ ☐ ☐	_____

DAY 25

Word Plus⁺

241
★★★

already [ɔːlrédi] 㝉 이미, 벌써

finished it already
이미 그것을 끝냈다

Andy has already had dinner.
Andy는 이미 저녁을 먹었다.

연관어
yet 아직

242
★★☆

bright [brait] 휑 ① 밝은 ② 똑똑한

so bright
아주 밝은

A bright star was shining in the sky.
밝은 별이 하늘에서 반짝이고 있었다.

반의어
dark 어두운

㝉 brightly 밝게

243
★★☆

cousin [kʌzn] 휑 사촌

play with my cousins
사촌들과 놀다

They are my cousins.
그들은 내 사촌들이다.

Grand father ㅜ Grand mother

Father ㅜ Mother   Uncle ㅜ Aunt

Me   Cousin Cousin

연관어
uncle 삼촌
aunt 이모, 고모
nephew 남자 조카
niece 여자 조카

244
★★☆

field [fiːld] 휑 ① 들판 ② 분야 ③ 경기장

run to the field
들판으로 뛰어가다

You can see beautiful flowers in the field.
당신은 들판에서 아름다운 꽃들을 볼 수 있다.

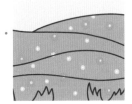

연관어
field trip 현장학습

245
★☆☆

heavy [hévi] 휑 무거운

a heavy box
무거운 박스

This box is so heavy that I can't move it.
이 박스는 매우 무거워서 내가 옮길 수가 없다.

반의어
light 가벼운

㝉 heavily 심하게,
아주 많이

Check Check A

1. 밝은 햇빛 a _____ sunlight

2. 내 사촌들 중 한 명 one of my _____s

3. 들판에서 on the _____

4. 내게 너무 무거운 too _____ for me

5. 내가 이미 그것을 했다. I've _____ done it.

246 ★☆☆

lion [láiən] 명 사자

the roar of the lion
사자의 포효(으르렁거림)

I saw a lion at the zoo.
나는 동물원에서 사자를 보았다.

tiger 호랑이
horse 말
zoo 동물원

---

247 ★★☆

only [óunli] 형 유일한 부 단지, 오직

the only thing I can do
내가 할 수 있는 유일한 일

I have only one coin.
나는 동전이 오직 하나밖에 없다.

유의어
just 그저, 단지

숙어
not only A but also B
A뿐만 아니라 B도

---

248 ★☆☆

same [seim] 형 같은

the same color
똑같은 색깔

Their cars look the same.
그들의 자동차는 똑같아 보인다.

반의어
different 다른

숙어
the same as ~와 같은

---

249 ★☆☆

summer [sʌmər] 명 여름

plans for this summer
이번 여름을 위한 계획

We swim at the beach in summer.
우리는 여름에 해변에서 수영을 한다.

연관어
spring 봄
fall 가을(=autumn)
winter 겨울

---

250 ★★☆

visit [vízit] 동 방문하다 명 방문

visit their house
그들의 집을 방문하다

I often visit my grandma.
나는 종종 우리 할머니를 방문한다.

연관어
visitor 방문객

Check Check B

1. 여름 방학 _____ vacation

2. 오직 한 사람 _____ one person

3. 동물원에서 사자를 보다 see a _____ at the zoo

4. 같은 사람 the _____ person

5. 나의 할아버지를 방문하다 _____ my grandpa

DAY 25 Review

1. 같은   s_____   6. 이미, 벌써   a_____

2. 사자   l_____   7. 무거운   h_____

3. 밝은, 똑똑한   b_____   8. 여름   s_____

4. 방문하다, 방문 v_____   9. 사촌   c_____

5. 들판, 경기장   f_____   10. 유일한, 오직   o_____

B. Missing Words

bright   cousin   field   already   summer

1.

They are my _____s.
그들은 내 사촌들이다.

2.

Andy has _____ had dinner.
Andy는 이미 저녁을 먹었다.

3.

We swim at the beach in _____.

우리는 여름에 해변에서 수영을 한다.

4.

A _____ star was shining in the sky.

밝은 별이 하늘에서 반짝이고 있었다.

5.

You can see beautiful flowers in the _____.

당신은 들판에서 아름다운 꽃들을 볼 수 있다.

C. Crossword

4

1 □ □ □ □

5

2 □ □ □ □

3 □ □ □

ACROSS

1. 같은

2. 방문하다, 방문

3. 유일한, 단지, 오직

DOWN

4. 무거운

5. 사자

113

Word Plus⁺

251 ★★★

alright [ɔːlráit] 　형 괜찮은, 좋은

It's alright.
그건 괜찮아.

Everything will be alright.
모든 것이 괜찮을 거야.

'alright'는 'all right'와 같은 의미의 표현입니다. 다만 'alright'는 조금 더 비격식적인 상황에서 사용됩니다.

252 ★★★

bring [briŋ] 　동 ① (물건을) 가져오다
　　　　　　　　　 ② (사람을) 데려오다

bring it to me
그것을 내게 가져오다

I forgot to bring an umbrella.
나는 우산을 가져오는 걸 깜빡했어.

연관어
take 가지고 가다

불규칙동사
(현재) bring
(과거) brought
(과거분사) brought

253 ★★☆

cover [kʌvər] 　동 덮다 　명 덮개, 커버

covered with snow
눈으로 덮인

Snow covered everything.
눈이 모든 것을 덮었다.

반의어
uncover 덮개를 벗기다

연관어
discover 발견하다

254 ★★☆

fight [fait] 　동 싸우다 　명 싸움

never fight
절대 싸우지 않는다

Two children are fighting.
두 아이가 싸우고 있다.

불규칙동사
(현재) fight
(과거) fought
(과거분사) fought

255 ★☆☆

hello [helóu] 　감 안녕(하세요) (=hey/hi)

Hello?
(전화상에서) 여보세요?

Hello, everyone.
여러분 안녕하세요.

반의어
Goodbye 헤어질 때 인사

Check Check A

1. 선생님, 안녕하세요. _____, sir.

2. 모든 게 괜찮다. Everything is _____.

3. 간식을 조금 가져오다 _____ some snacks

4. 운동장에서 싸우다 _____ in the playground

5. 담요로 그것을 덮다 _____ it with a blanket

256 ★★☆

lip [lip]

명 입술

her beautiful lips
그녀의 아름다운 입술

※ 주로 복수(lips)로 사용됨

She's wearing lipstick on her lips.
그녀는 입술에 립스틱을 바른 상태이다.

연관어
lipstick 립스틱

257 ★☆☆

open [óupən]

동 열다
형 ① 열려 있는 ② 문을 연

open the door
문을 열다

The door is open.
문이 열려 있다.

반의어
close 닫다
closed 닫힌

명 opening 시작

258 ★☆☆

sand [sænd]

명 모래, 모래사장

the hot sand
뜨거운 모래

The children are playing in the sand.
그 아이들은 모래사장에서 놀고 있다.

연관어
beach 해변
desert 사막

259 ★☆☆

sun [sʌn]

명 태양, 햇빛

the bright sun
밝은 태양

The sun is shining.
태양이 빛나고 있다.

연관어
sunrise 일출
sunset 일몰

형 sunny 화창한

260 ★★☆

voice [vɔis]

명 목소리

in a low voice
낮은 목소리로

She has a loud voice.
그녀는 목소리가 크다.

연관어
accent 악센트
tone 어조, 말투
pronunciation 발음

Check Check B

1. 내 아랫입술 my lower _____

2. 밤에 문을 연 _____ at night

3. 해가 뜨다 the _____ rises

4. 모래 위를 걷다 walk on the _____

5. 그 남자의 목소리 the man's _____

DAY 26 Review

1. 태양, 햇빛   s_____
2. 싸우다, 싸움   f_____
3. 열다, 열려 있는   o_____
4. 목소리   v_____
5. 가져오다   b_____

6. 덮다, 덮개, 커버   c_____
7. 입술   l_____
8. 괜찮은, 좋은   a_____
9. 안녕(하세요)   h_____
10. 모래, 모래사장   s_____

voice   cover   alright   bring   fight

1.

Everything will be _____.
모든 것이 괜찮을 거야.

2.

Snow _____ed everything.
눈이 모든 것을 덮었다.

116

정답: 346쪽

3.

Two children are _____ing.
두 아이가 싸우고 있다.

4.

I forgot to _____ an umbrella.
나는 우산을 가져오는 걸 깜빡했어.

5.

She has a loud _____.
그녀는 목소리가 크다.

C. Word Search

h	e	l	l	o	v	d
e	j	i	s	y	b	o
a	e	p	a	g	i	p
q	s	k	n	q	o	e
p	j	b	d	g	v	n
h	p	a	x	s	u	n

ACROSS

1. 안녕(하세요): _____

2. 태양, 햇빛: _____

DOWN

3. 입술: _____

4. 모래, 모래사장: _____

5. 열다, 열려 있는: _____

117

Word Plus⁺

261 ★★☆

also [ɔ́ːlsou] 📘 또한, ~도

He also likes it. 그도 그것을 좋아한다.
Joshua is good at baseball and also good at basketball.
Joshua는 야구도 잘하고 또한 농구도 잘한다.

유의어
too ~ 또한
as well 마찬가지로

262 ★★☆

brother [brʌ́ðər] 📗 남자 형제

my younger brother
내 남동생

This is my brother, Sam.
이쪽은 내 남동생, Sam이야.

연관어
sister 여자 형제
sibling 형제, 자매

263 ★☆☆

cow [kau] 📗 암소, 젖소

a big cow
커다란 소

The cow is eating grass.
그 소는 풀을 먹고 있다.

cow는 주로 암소를 의미하고 cattle은 암수 구별 없이 모든 종류의 소(복수형)를 가리킵니다.

264 ★★☆

file [fail] 📗 ① 파일 ② 정보

an important file
중요한 파일

I can't find the file on my computer.
나는 내 컴퓨터에서 그 파일을 찾을 수가 없어.

유의어
document 서류, 문서

265 ★★☆

helmet [hélmit] 📗 헬멧

a bicycle helmet
자전거 헬멧

You have to wear a helmet.
너는 헬멧을 써야 한다.

연관어
motorcycle helmet
오토바이 헬멧
bicycle helmet
자전거 헬멧

Check Check A

1. 그 소를 보다 look at the _____

2. 나는 또한 행복하다. I am _____ happy.

3. 그 파일은 어디에 있니? Where is the _____?

4. 남자 형제와 여자 형제 _____s and sisters

5. 새로운 헬멧을 구입하다 buy a new _____

266 ★★☆

listen [lísn]　⑧ 듣다

listen **carefully**
주의 깊게 듣다

He is listen**ing to music.**
그는 음악을 듣고 있다.

267 ★☆☆

or [ər] / [ɔ́r]　㉛ 혹은, 또는

today or **tomorrow**
오늘이나 내일

Is your answer yes or **no?**
네 대답이 '예'야 아니면 '아니오'야?

연관어
and 그리고
so 그래서

숙어
either A or B
A이거나 B인

268 ★★☆

sandwich [sǽndwitʃ]　⑲ 샌드위치

make a sandwich
샌드위치를 만들다

I usually eat a sandwich **for lunch.**
나는 보통 점심으로 샌드위치를 먹는다.

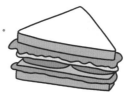

연관어
pizza 피자
hamburger 햄버거

269 ★★☆

sure [ʃuər]　⑲ 확신하는 ⑨ 물론

sure **about it**
그것에 대해 확신하는

I'm sure **you can do it.**
나는 네가 그것을 할 수 있다고 확신해.

유의어
of course 물론

270 ★★☆

wait [weit]　⑧ 기다리다

wait **for it**
그것을 기다리다

Sam is wait**ing for a bus.**
Sam은 버스를 기다리고 있다.

연관어
waiter (남자) 종업원
waitress (여자) 종업원

숙어
wait for ~을 기다리다

Check Check B

1. 그 노래를 듣다 _____ to the song

2. 참치 샌드위치를 먹다 eat a tuna _____

3. 여기 있거나 혹은 떠나다 stay here _____ leave

4. 이곳에서 기다려야 한다 should _____ here

5. 그것에 대해 확실치 않은 not _____ about it

119

DAY 27 Review

1. 암소, 젖소   c_____   6. 듣다   l_____

2. 확신하는   s_____   7. 샌드위치   s_____

3. 헬멧   h_____   8. 또한, ~도   a_____

4. 혹은, 또는   o_____   9. 기다리다   w_____

5. 남자 형제   b_____   10. 파일, 정보   f_____

B. Missing Words

sandwich	listen	helmet	brother	or

1.

This is my _____, Sam.

이쪽은 내 남동생, Sam이야.

2.

He is _____ing to music.

그는 음악을 듣고 있다.

3.

You have to wear a _____.
너는 헬멧을 써야 한다.

4.

Is your answer yes _____ no?
네 대답이 '예'야 아니면 '아니오'야?

5.

I usually eat a _____ for lunch.
나는 보통 점심으로 샌드위치를 먹는다.

C. Unscramble

	단어	뜻
1. <u>w</u> <u>o</u> <u>c</u>	c ☐ ☐	_____
2. <u>l</u> <u>i</u> <u>f</u> <u>e</u>	f ☐ ☐ ☐	_____
3. <u>s</u> <u>a</u> <u>l</u> <u>o</u>	a ☐ ☐ ☐	_____
4. <u>t</u> <u>w</u> <u>i</u> <u>a</u>	w ☐ ☐ ☐	_____
5. <u>r</u> <u>u</u> <u>s</u> <u>e</u>	s ☐ ☐ ☐	_____

Word Plus⁺

271 ★★★

always [ɔ́ːlweiz] 부 항상, 언제나

almost always
거의 항상

He is always smiling.
그는 항상 미소를 짓고 있다.

Sun.	Mon.	Tue.	Wed.	Thu.	Fri.	Sat.
☺	☺	☺	☺	☺	☺	☺

연관어
usually 보통, 대개
often 종종, 자주
sometimes 가끔, 때때로

🔆 이런 부사들을 '빈도부사'라고 부릅니다.

272 ★☆☆

brown [braun] 형 갈색의 명 갈색

a brown shirt
갈색 셔츠

She always sleeps with her brown teddy bear.
그녀는 언제나 그녀의 갈색 곰 인형을 가지고 잔다.

연관어
red 빨간(색)
yellow 노란(색)
green 초록(색)
white 하얀(색)

273 ★★☆

crayon [kréiən] 명 크레용, 크레파스

children's crayons
아동용 크레파스

I need crayons for art class today.
나는 오늘 미술 시간에 크레용이 필요하다.

연관어
watercolor 물감
colored pencil 색연필

274 ★★☆

fill [fil] 동 채우다

fill it with ice
그것을 얼음으로 가득 채우다

Please fill the bucket with water.
그 양동이를 물로 채우세요.

숙어
be filled with
~로 가득 차다
fill in/out
(서류 등을) 작성하다

275 ★☆☆

help [help] 동 돕다 명 ① 도움 ② 구조

Thank you for your help.
당신의 도움에 감사드려요.

They always help each other.
그들은 언제나 서로 돕는다.

유의어
give a hand
도움을 주다

형 helpful 도움이 되는

Check Check A

1. 갈색 곰 a _____ bear

2. 항상 늦는다 be _____ late

3. 노란색 크레용 a yellow _____

4. 다른 사람들을 돕다 _____ others

5. 잔을 채우다 _____ the glass

276 ★★☆

little [litl]

형 ① 약간(조금)의 ② 어린 ③ 작은

a little money
약간의 돈

The little chick is so cute.
그 어린 병아리가 아주 귀엽다.

①번 뜻으로 사용될 때 little은 셀 수 없는 명사와 함께 사용합니다. (few는 셀 수 있는 명사와 함께 사용)

---

277 ★☆☆

orange [ɔ́:rindʒ]

명 오렌지

orange juice
오렌지 주스

This orange looks fresh.
이 오렌지는 신선해 보인다.

연관어

apple 사과

banana 바나나

pear 배

strawberry 딸기

---

278 ★☆☆

save [seiv]

동 ① 구하다 ② 저축하다
③ 아끼다

save money
돈을 모으다

We need to do something to save the earth.
우리는 지구를 구하기 위해 무언가 해야 한다.

연관어

safe 안전한

숙어

save one's life
~의 목숨을 구하다

---

279 ★☆☆

swim [swim]

동 수영하다

swim at the beach
해변에서 수영하다

He is good at swimming.
그는 수영을 잘한다.

연관어

swimmer 수영 선수

불규칙동사

(현재) swim

(과거) swam

(과거분사) swum

---

280 ★★☆

wake [weik]

동 (잠에서) 깨다, 깨우다

wake up in the morning
아침에 일어나다

I usually wake up early in the morning.
나는 보통 아침에 일찍 일어난다.

유의어

get up 일어나다

불규칙동사

(현재) wake

(과거) woke

(과거분사) woken

Check Check B

1. 어린 남자아이 a _____ boy

2. 그를 깨우다 _____ him up

3. 물을 아끼다 _____ water

4. 신선한 오렌지 a fresh _____

5. 수영장에서 수영하다 _____ in the pool

DAY 28 Review

| A. Korean to English |

1. 약간(조금)의, 작은 l_____

2. 구하다, 저축하다 s_____

3. 크레용, 크레파스 c_____

4. (잠에서) 깨다 w_____

5. 항상, 언제나 a_____

6. 돕다, 도움, 구조 h_____

7. 갈색의, 갈색 b_____

8. 수영하다 s_____

9. 채우다 f_____

10. 오렌지 o_____

| B. Missing Words |

orange   always   brown   fill   little

1.

He is _____ smiling.
그는 항상 미소를 짓고 있다.

2.

This _____ looks fresh.
이 오렌지는 신선해 보인다.

124

3.

The _____ chick is so cute.

그 어린 병아리가 아주 귀엽다.

4.

Please _____ the bucket with water.

그 양동이를 물로 채우세요.

5.

She always sleeps with her _____ teddy bear.

그녀는 언제나 그녀의 갈색 곰 인형을 가지고 잔다.

C. Crossword

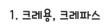
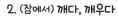

4

| 1 | | | | | |

5

| 2 | | |

| 3 | | | |

ACROSS

1. 크레용, 크레파스

2. (잠에서) 깨다, 깨우다

3. 돕다, 도움, 구조

DOWN

4. 구하다, 저축하다

5. 수영하다

125

Word Plus⁺

281
★☆☆

and [ænd]
접 그리고, ~와

a boy and a girl
남자아이와 여자아이

His name is Harry, and he is 8 years old.
그의 이름은 Harry이고 8살이다.

연관어
but 그러나
because 왜냐하면

282
★★☆

brush [brʌʃ]
명 붓, 솔 동 솔질하다

brush my teeth
(내가) 양치질을 하다

I painted it using this new brush.
나는 이 새 붓을 이용해서 그것을 색칠했다.

연관어
toothbrush 칫솔
hairbrush
솔빗 (머리 빗는 솔)

283
★☆☆

cream [kri:m]
명 ① (우유로 만든) 크림 ② 크림색
형 크림색의

whipped cream
거품을 낸 생크림

This cake is filled with fresh cream.
이 케이크는 신선한 크림으로 가득 차 있다.

연관어
ice cream 아이스크림

284
★★☆

film [film]
명 ① 영화 ② 필름

my favorite film
내가 제일 좋아하는 영화

We don't have any film left to keep recording.
우리는 녹화를 계속할 수 있는 필름이 남지 않았다.

유의어
movie 영화

☼
'영화'는 영국 영어에서는
주로 'film', 미국 영어에
서는 'movie'라고 합니다.

285
★☆☆

here [hiər]
부 여기에 명 여기

Here it is.
(물건을 건네주면서) 여기 있어요.

I've lived here for about five years.
나는 여기에 약 5년 동안 살았다.

연관어
there 저기에, 저기

숙어
Same here.
나도 마찬가지다./동감
이다.

Check Check A

1. 여기에 머무르다 stay _____

2. 영화 산업 the _____ industry

3. 파란색과 빨간색 blue _____ red

4. 새 붓을 구입하다 buy a new _____

5. 네 커피 속 크림 _____ in your coffee

286 ★☆☆

live [liv]

(동) 살다

live in a dark place
어두운 장소에 살다

Bats usually live in a cave.
박쥐는 보통 동굴 안에 산다.

반의어
die 죽다

(명) life 삶, 목숨
(형) alive 살아있는

---

287 ★★☆

out [aut]

(부) 밖으로, 밖에

should go out
밖으로 나가야 한다

I want to get out of this maze.
나는 이 미로의 밖으로 나가고 싶어.

숙어
go out 나가다
get out 나가다
carry out 수행[이행]하다

---

288 ★☆☆

say [sei]

(동) 말하다

didn't say anything
어떤 것도 말하지 않았다

She can say "Hello" in English.
그녀는 영어로 'Hello'라고 말할 수 있다.

Hello

유의어
tell 말하다, 알리다

불규칙동사
(현재) say
(과거) said
(과거분사) said

---

289 ★☆☆

table [téibl]

(명) 탁자, 식탁, 테이블

set the table
밥상을 차리다

He placed a kettle and a cup on the table.
그는 테이블 위에 주전자 하나와 컵 하나를 놓았다.

연관어
chair 의자
desk 책상

---

290 ★★☆

walk [wɔːk]

(동) ① 걷다 ② 산책하다
(명) ① 걷기 ② 산책

walk fast
빨리 걷다

I often walk alone in the park.
나는 종종 공원에서 혼자 걷는다.

숙어
take a walk 산책하다

Check Check B

1. 대도시에 살다 _____ in a big city

2. 그것을 밖으로 꺼내다 take it _____

3. 학교에 걸어가다 _____ to school

4. 작별 인사를 말하다 _____ goodbye

5. 새 테이블을 구입하다 buy a new _____

DAY 29 Review

1. 말하다   s_____   6. 영화, 필름   f_____

2. (우유로 만든) 크림   c_____   7. 밖으로, 밖에   o_____

3. 살다   l_____   8. 그리고, ~와   a_____

4. 탁자, 테이블   t_____   9. 걷다, 산책하다   w_____

5. 붓, 솔, 솔질하다   b_____   10. 여기에, 여기   h_____

B. Missing Words

| brush | walk | table | here | cream |

1.

I often _____ alone in the park.

나는 종종 공원에서 혼자 걷는다.

2.

I've lived _____ for about five years.

나는 여기에 약 5년 동안 살았다.

3.

I painted it using this new _____.

나는 이 새 붓을 이용해서 그것을 색칠했다.

4.

This cake is filled with fresh _____.

이 케이크는 신선한 크림으로 가득 차 있다.

5.

He placed a kettle and a cup on the _____.

그는 테이블 위에 주전자 하나와 컵 하나를 놓았다.

C. Word Search

```
f i l m d a x
n n n a n d q
y o s i a q s
z b y q e o a
l i v e y u y
k l d e x t h
```

ACROSS

1. 영화, 필름: _____

2. 그리고, ~와: _____

3. 살다: _____

DOWN

4. 밖으로, 밖에: _____

5. 말하다: _____

DAY 30

291
★★☆

animal [ǽnəməl] 명 동물

his favorite animal
그가 가장 좋아하는 동물

I love animals, so I often visit the zoo.
나는 동물들을 좋아해서 동물원을 자주 방문한다.

연관어
fish 물고기
insect 곤충
plant 식물

292
★★☆

build [bild] 동 짓다, 건설하다

build a nest
둥지를 만들다

They are going to build many houses in this town.
그들은 이 마을에 많은 집을 지을 것이다.

명 building 건물, 빌딩

불규칙동사
(현재) build
(과거) built
(과거분사) built

293
★★☆

cross [krɔːs] 동 가로지르다, 건너다

cross the road
길을 건너다

You need to cross the street to get to the park.
너는 공원에 가려면 길을 건너야 해.

연관어
crosswalk 횡단보도
across 건너편에

294
★☆☆

find [faind] 동 찾다, 발견하다

find a solution
해결책을 찾다

I can't find my bag.
나는 내 가방을 찾을 수 없어.

유의어
look for ~을 찾다
(찾고 있는 행위에 초점)

불규칙동사
(현재) find
(과거) found
(과거분사) found

295
★☆☆

hero [híərou] 명 영웅, 히어로

a war hero
전쟁 영웅

James wants to be a hero.
James는 영웅이 되고 싶어 한다.

연관어
heroine 여자 영웅
superhero 슈퍼히어로

Check Check A

1. 지갑을 발견하다 _____ a wallet

2. 다리를 건너다 _____ the bridge

3. 많은 동물들 a lot of _____s

4. 새로운 집을 짓다 _____ a new house

5. 영웅이 되다 become a _____

296
★☆☆

long [lɔːŋ]
[형] ① 긴 ② 오랜 [부] 오랫동안

[반의어]
short 짧은

[명] length 길이

choose the long one
긴 것을 고르다

The first line is long, but the second line is short.
첫 번째 선은 길지만 두 번째 선은 짧다.

297
★★☆

over [óuvər]
[전] ~위에, ~너머로 [부] 건너서

[유의어]
above ~보다 위에

over the shoulders
어깨 위로

She put a blanket over the sleeping child.
그녀는 자고 있는 아이에게 담요를 덮어 주었다.

298
★☆☆

school [skuːl]
[명] 학교

☼
'학교에서'라고 말할 때 일반적으로 관사없이 'at school'이라고 씁니다.

at school
학교에서

We don't have to go to school tomorrow.
우리는 내일 학교에 갈 필요가 없다.

299
★☆☆

tail [teil]
[명] ① 꼬리 ② (동전의) 뒷면

[반의어]
head (동전의) 앞면

wag its tail
꼬리를 흔들다

Whose tail is this?
이것은 누구의 꼬리일까요?

300
★☆☆

wall [wɔːl]
[명] 벽, 담

[연관어]
The Great Wall of China 만리장성

hang a picture on the wall
그림을 벽에 걸다

The castle was protected by a high wall.
그 성은 높은 벽에 의해 보호되었다.

Check Check B

1. 그 말의 꼬리 the horse's _____

2. 학교에 일찍 가다 go to _____ early

3. 얇은 벽 a thin _____

4. 긴 다리 a _____ bridge

5. 문을 넘어서 점프하다 jump _____ the gate

DAY 30 Review

1. 학교   s_____   6. 가로지르다   c_____

2. 동물   a_____   7. ~위에, ~너머로   o_____

3. 꼬리, (동전의) 뒷면 t_____   8. 영웅, 히어로   h_____

4. 긴, 오랜, 오랫동안 l_____   9. 짓다, 건설하다   b_____

5. 찾다, 발견하다   f_____   10. 벽, 담   w_____

wall   cross   animal   school   build

1.

I love _____s, so I often visit the zoo.
나는 동물들을 좋아해서 동물원을 자주 방문한다.

2.

We don't have to go to _____ tomorrow.
우리는 내일 학교에 갈 필요가 없다.

3.

The castle was protected by a high _____.

그 성은 높은 벽에 의해 보호되었다.

4.

You need to _____ the street to get to the park.

너는 공원에 가려면 길을 건너야 해.

5.

They are going to _____ many houses in this town.

그들은 이 마을에 많은 집을 지을 것이다.

C. Unscramble

	단어	뜻
1. l a i t	t ☐ ☐ ☐	_____
2. n i f d	f ☐ ☐ ☐	_____
3. n o l g	l ☐ ☐ ☐	_____
4. v o r e	o ☐ ☐ ☐	_____
5. r h o e	h ☐ ☐ ☐	_____

301
★★☆

another [ənʌðər]
형 ① 또 하나의 ② 다른
대 다른 것(사람)

try another one
다른 것을 시도하다

I'm eating another piece of cake.
나는 케이크 한 조각을 더 먹고 있다.

연관어
other 다른, 다른 사람
(the other)

others 다른 사람들

숙어
one another 서로

302
★★☆

burn [bəːrn]
동 (불에) 태우다, 타다

burn it
그것을 태우다

It was cold, so we had to burn some logs.
날이 추워서 우리는 나무를 조금 태워야만 했다.

연관어
sunburn
햇볕에 심하게 탐

303
★☆☆

cry [krai]
동 ① 울다 ② 외치다

cry sadly
슬프게 울다

When I watch a sad movie, I cry a lot.
나는 슬픈 영화를 볼 때, 많이 운다.

cry의 과거형은 cried입니다. 「자음+y」로 끝나는 동사는 'y'를 'i'로 바꾸고 -ed를 붙입니다.

304
★☆☆

fine [fain]
형 ① 좋은 ② 건강한
부 잘, 괜찮게

feel fine now
지금 기분이 좋다

The boy was sick yesterday, but he is fine today.
그 남자아이는 어제 아팠지만 오늘은 괜찮다.

fine은 '미세한'이라는 뜻도 갖고 있습니다. '미세먼지'는 영어로 'fine dust'라고 합니다.

305
★★☆

high [hai]
형 높은 부 높이

jump high 높이 뛰다
The cat climbed the tree and reached a high branch.
그 고양이는 그 나무에 올라서 높은 가지에 도착했다.

반의어
low 낮은

Check Check A

1. 다른 나라 _____ country

2. 높은 산 a _____ mountain

3. 좋은 날 a _____ day

4. 울기 시작하다 begin to _____

5. 무언가를 (불에) 태우다 _____ something

306
★☆☆

look [luk]   동 ① 보다 ② ~해 보이다

look at it
그것을 보다

You look happy. What's going on?
너 행복해 보이네. 무슨 일이야?

307
★☆☆

page [peidʒ]   명 페이지, 쪽

turn to page 20
20페이지로 넘어가다

Let's move on to page 5.
5페이지로 넘어갑시다.

연관어
sheet (종이) 한 장

308
★★☆

science [sáiəns]   명 과학

love science
과학을 좋아하다

We do many kinds of experiments in our science class.
우리는 과학 시간에 많은 종류의 실험을 한다.

연관어
math 수학
P.E. 체육
social studies 사회
scientist 과학자

309
★★★

take [teik]   동 ① 가지고 가다, 데리고 가다
② 사다

I'll take it.
내가 그것을 살게요.

It's raining. You should take an umbrella.
비가 오고 있어. 너는 우산을 가져가야 해.

연관어
bring 가져오다

불규칙동사
(현재) take
(과거) took
(과거분사) taken

310
★★☆

want [wɑnt]   동 원하다, ~하고 싶다

want to help others
다른 사람들을 돕고 싶다

I want to be a doctor.
나는 의사가 되고 싶다.

want는 주로 「want to+동사원형」의 형태로 사용됩니다.

Check Check B

1. 과학 숙제 _____ homework

2. 이 캔디를 가져가다 _____ this candy

3. 다르게 보이다 _____ different

4. 마지막 페이지 the last _____

5. 집에 가고 싶다 _____ to go home

DAY 31 Review

A. Korean to English

1. 페이지, 쪽   p_____

2. 좋은, 건강한, 잘   f_____

3. 가지고 가다   t_____

4. 또 하나의, 다른   a_____

5. 보다, ~해 보이다   l_____

6. (불에) 태우다   b_____

7. 원하다   w_____

8. 높은, 높이   h_____

9. 과학   s_____

10. 울다, 외치다   c_____

B. Missing Words

science   page   look   another   high

1.

Let's move on to _____ 5.
5페이지로 넘어갑시다.

2.

I'm eating _____ piece of cake.
나는 케이크 한 조각을 더 먹고 있다.

3.

You _____ happy. What's going on?

너 행복해 보이네. 무슨 일이야?

4.

We do many kinds of experiments in our _____ class.

우리는 과학 시간에 많은 종류의 실험을 한다.

5.

The cat climbed the tree and reached a _____ branch.

그 고양이는 그 나무에 올라서 높은 가지에 도착했다.

C. Crossword

ACROSS

1. 가지고 가다, 데리고 가다

2. 좋은, 건강한, 잘, 괜찮게

3. (불에) 태우다, 타다

DOWN

4. 페이지, 쪽

5. 원하다, ~하고 싶다

DAY 32

Word Plus⁺

Word Plus⁺

311
★★☆

answer [ǽnsər]

동 대답하다, 답하다
명 대답, 답

반의어

ask 물어보다
question 질문

answer the question
그 질문에 답하다

Anna, your answer is correct.
Anna, 너의 답이 맞아.

312
★☆☆

bus [bʌs]

명 버스

연관어

taxi 택시
train 기차
subway 지하철
bus stop 버스 정류장

go to school by bus
버스로 학교에 가다

You need to take the green bus.
너는 그 초록색 버스를 타야 해.

313
★★★

culture [kʌ́ltʃər]

명 문화

연관어

tradition 전통
language 언어
cultural difference
문화 차이

traditional culture
전통문화

I'm so interested in Korean culture.
나는 한국 문화에 관심이 많다.

314
★☆☆

finger [fíŋgər]

명 손가락

연관어

thumb 엄지 손가락
index finger
검지 손가락

my long fingers
내 긴 손가락들

I pressed it with my index finger.
나는 검지 손가락으로 그것을 눌렀다.

315
★★☆

hike [haik]

동 하이킹 가다, 도보 여행하다
명 도보 여행, 하이킹

연관어

road trip
장거리 자동차 여행
go hiking
하이킹을 가다

love to hike
하이킹 가는 걸 좋아하다

I'm planning to hike in the mountains this weekend.
나는 이번 주말에 산으로 하이킹을 떠날 계획 중이다.

Check Check A

1. 고대의 문화 ancient _____

2. 올바르게 답하다 _____ correctly

3. 버스를 타다 take a _____

4. 가장 긴 손가락 the longest _____

5. 하이킹을 가고 싶다 want to _____

316
★☆☆

love [lʌv]

동 사랑하다 명 사랑

in love with him
그와 사랑에 빠진

I love my family so much.
나는 우리 가족을 아주 많이 사랑한다.

유의어
like 좋아하다

형 lovely 사랑스러운

317
★☆☆

paint [peint]

동 ① ~에 페인트를 칠하다 ② 그림을 그리다
명 페인트

Wet paint!
(마르지 않은) 페인트 주의!

I'm going to paint the wall today.
나는 오늘 벽을 색칠할 거야.

유의어
draw (색칠은 하지 않고)
그리다

318
★★☆

scissors [sízərz]

명 가위
※ 항상 복수(scissors)로 사용됨

cut the paper with scissors
가위로 종이를 자르다

I don't remember where I put my scissors.
나는 내 가위를 어디에 뒀는지 기억이 안 나.

연관어
glue 접착제, 풀
ruler 자
paper 종이

319
★★☆

talk [tɔːk]

동 말하다, 이야기하다
명 말, 이야기

talk about it
그것에 대해 말하다

They are talking to each other.
그들은 서로에게 이야기하고 있다.

유의어
speak 말하다
tell 말하다
say 말하다

320
★☆☆

war [wɔːr]

명 전쟁

the war between the two countries
두 나라 간의 전쟁

We must find a way to stop the war.
우리는 그 전쟁을 멈출 방법을 찾아야만 한다.

연관어
battle 전투

Check Check B

1. 가위가 필요하다 need _____

2. 내 가족을 사랑하다 _____ my family

3. 베트남 전쟁 the Vietnam _____

4. 그것을 파란색으로 칠하다 _____ it blue

5. 음식에 대해 이야기하다 _____ about food

DAY 32 Review

1. 하이킹 가다   h_____   6. 페인트   p_____

2. 전쟁   w_____   7. 버스   b_____

3. 문화   c_____   8. 사랑하다   l_____

4. 이야기하다   t_____   9. 손가락   f_____

5. 대답하다   a_____   10. 가위   s_____

B. Missing Words

answer   finger   scissors   culture   paint

1.

Anna, your _____ is correct.
Anna, 너의 답이 맞아.

2.

I'm going to _____ the wall today.
나는 오늘 벽을 색칠할 거야.

정답: 349쪽

3.

I pressed it with my index _____.

나는 검지 손가락으로 그것을 눌렀다.

4.

I'm so interested in Korean _____.

나는 한국 문화에 관심이 많다.

5.

I don't remember where I put my _____.

나는 내 가위를 어디에 뒀는지 기억이 안 나.

C. Word Search

d	d	j	d	l	d	s
a	k	z	h	i	k	e
t	a	l	k	b	f	l
e	m	u	t	u	w	o
q	y	a	v	s	w	v
m	h	n	w	a	r	e

ACROSS

1. 하이킹 가다: _____

2. 말하다, 이야기하다: _____

3. 전쟁: _____

DOWN

4. 버스: _____

5. 사랑하다, 사랑: _____

Word Plus⁺

321
★★☆

any [éni]

한 무슨, 어떤
대 아무(것)

연관어
some 조금(의), 약간(의)

I don't have any problems.
나는 어떤 문제도 갖고 있지 않다.

Do you have any questions?
여러분 어떤 질문이 있나요?

some은 주로 긍정문에서, any는 부정문과 의문문에서 사용됩니다.

322
★★★

business [bíznis]

명 사업, 업무

연관어
business trip 출장

work in the computer business
컴퓨터 업계에서 일하다

She is giving a presentation on her new business.
그녀는 그녀의 새로운 사업에 대해 발표하고 있다.

323
★☆☆

cup [kʌp]

명 컵, 잔

유의어
glass (유리)잔
mug 머그잔

a cup of coffee
커피 한 잔

I'd like to drink a cup of hot tea.
나는 뜨거운 차 한 잔을 마시고 싶다.

324
★★★

finish [fíniʃ]

동 끝내다, 끝나다

유의어
end 끝나다, 끝내다
be done 끝내다
be over 끝나다

finish my homework
내 숙제를 끝내다

I finally finished my science project.
나는 마침내 과학 프로젝트를 끝냈다.

325
★★☆

hill [hil]

명 언덕

연관어
mountain 산

on the top of a hill
언덕의 정상에

There is a beautiful hill near my house.
우리 집 근처에 아름다운 언덕이 있다.

Check Check A

1. 아주 작은 컵 a tiny _____

2. 그것을 지금 끝내다 _____ it now

3. 언덕으로 into the _____

4. 식품 사업 the food _____

5. 아무것도 없다 don't have _____

326 ★★☆

low [lou] 형 낮은 부 낮게

a low wall
낮은 벽

The gray cat is much lower than the yellow cat.
그 회색 고양이가 노란 고양이보다 훨씬 더 낮은 곳에 있다.

low와 비슷하게 생긴 단어들
이 많으니 주의해야 합니다.

law 법
row 열, 노를 젓다
raw 익히지 않은

327 ★★☆

pants [pænts] 명 바지

a pair of pants   ※ 항상 복수형(pants)으로 사용함
바지 한 벌

I need to buy some new pants.
나는 새 바지를 사야 해.

연관어

clothes 옷
skirt 치마, 스커트
dress 드레스
coat 코트

328 ★★☆

score [skɔːr]
명 득점, 점수
동 ① 득점하다 ② 채점하다

score 90 out of 100
100점 만점에 90점을 받다

She got a perfect score on the exam.
그녀는 그 시험에서 만점을 받았다.

운동 경기를 할 때 점수를
나타내는 몇 대 몇은 '○
to ○'으로 표현합니다.

329 ★☆☆

tall [tɔːl] 형 키가 큰, 높은

taller than me 나보다 키가 큰
The giraffe is so tall that it can reach
the top of trees.
그 기린은 키가 아주 커서 나무 꼭대기도 닿을 수 있다.

유의어

high 높은, 높이

반의어

short 키가 작은, 짧은

330 ★☆☆

warm [wɔːrm] 형 따뜻한 동 데우다

feel warm
따뜻함을 느끼다

These socks will keep your feet warm.
이 양말이 네 발을 따뜻하게 유지해 줄 거야.

연관어

hot 뜨거운
cold 추운
cool 시원한

Check Check B

1. 키가 아주 큰 very _____

2. 안 좋은 점수를 받다 get a bad _____

3. 낮은 울타리 a _____ fence

4. 따뜻한 날씨 _____ weather

5. 비싼 바지를 입다 wear expensive _____

143

DAY 33 Review

1. 득점, 점수   s_____

2. 컵, 잔   c_____

3. 따뜻한, 데우다   w_____

4. 사업, 업무   b_____

5. 끝내다, 끝나다   f_____

6. 낮은, 낮게   l_____

7. 무슨, 어떤   a_____

8. 키가 큰, 높은   t_____

9. 언덕   h_____

10. 바지   p_____

B. Missing Words

| business | tall | any | warm | cup |

1.

Do you have _____ questions?

여러분 어떤 질문이 있나요?

2.

I'd like to drink a _____ of hot tea.

나는 뜨거운 차 한 잔을 마시고 싶다.

144

3.

These socks will keep your feet _____.

이 양말이 네 발을 따뜻하게 유지해 줄 거야.

4.

She is giving a presentation on her new _____.

그녀는 그녀의 새로운 사업에 대해 발표하고 있다.

5.

The giraffe is so _____ that it can reach the top of trees.

그 기린은 키가 아주 커서 나무 꼭대기도 닿을 수 있다.

C. Unscramble

	단어	뜻
1. <u>w o l</u>	l ☐ ☐	_____
2. <u>i h l l</u>	h ☐ ☐ ☐	_____
3. <u>n a p t s</u>	P ☐ ☐ ☐ ☐	_____
4. <u>c e o r s</u>	s ☐ ☐ ☐ ☐	_____
5. <u>s h i f i n</u>	f ☐ ☐ ☐ ☐ ☐	_____

DAY 34

331 ★★★

apartment [əpá:rtmənt] 몡 아파트

build an apartment
아파트를 짓다

I live in an apartment.
나는 아파트에 산다.

332 ★★☆

busy [bízi] 몡 바쁜, 혼잡한

busy with his homework
그의 숙제하느라 바쁜

He is busy doing many things.
그는 많은 것을 하느라 바쁘다.

반의어
free 한가한

숙어
be busy ~ing
~하느라 바쁘다

333 ★★★

curtain [kə́:rtn] 몡 ① 커튼
② (무대의) 막, 장막

wash the curtains
커튼을 빨다

She chose pink curtains.
그녀는 핑크색 커튼을 골랐다.

연관어
stage 무대

숙어
draw a curtain
커튼을 치다

334 ★☆☆

fire [faiər] 몡 불, 화재

put out the fire
불을 끄다

The fire spread rapidly.
화재는 빠르게 퍼져 나갔다.

연관어
fire station 소방서
firefighter 소방관

335 ★★★

history [hístəri] 몡 역사

history homework
역사 숙제

I'm studying world history these days.
나는 요즘 세계사를 공부하고 있다.

연관어
past 과거
present 현재
future 미래

Check Check A

1. 샤워 커튼 a shower _____

2. 아주 바쁘지는 않은 not very _____

3. 새 아파트 a new _____

4. 불을 피우다 make a _____

5. 그 성의 역사 the _____ of the castle

146

336 ★★☆

luck [lʌk] 　명 행운

Good luck!
행운을 빌어요!

I wished him good luck before the interview.
나는 인터뷰 전에 그에게 행운을 빌어 주었다.

Good Luck!

---

337 ★☆☆

paper [péipər] 　명 종이

a piece of paper
종이 한 장

I used the paper to write a letter.
나는 편지를 쓰기 위해 그 종이를 사용했다.

연관어
page 페이지, 쪽
sheet (종이) 한 장

---

338 ★☆☆

sea [siː] 　명 바다

swim in the sea
바다에서 수영하다

They enjoyed a day at the beautiful, blue sea.
그들은 아름답고 푸른 바다에서 하루를 즐겼다.

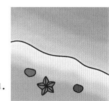

유의어
ocean 바다, 대양

연관어
beach 해변
swim 수영하다

---

339 ★★☆

tape [teip] 　명 테이프
　　　　　　　　　동 테이프로 붙이다

use some tape
약간의 테이프를 사용하다

I need some tape and scissors to wrap this gift.
나는 이 선물을 포장하기 위해 테이프와 가위가 필요하다.

유의어
stick 붙이다

---

340 ★☆☆

wash [waʃ] 　동 씻다

wash my face
세수하다

It was not easy for me to wash it.
내가 그것을 씻는 건 쉽지 않았다.

연관어
clean 청소하다

숙어
wash the dishes
설거지하다
(=do the dishes)

Check Check B

1. 불운(나쁜 행운) bad _____

2. 내 손을 씻다 _____ my hands

3. 재활용 종이 recycled _____

4. 바다를 볼 수 있다 can see the _____

5. 한 롤의 테이프 a roll of _____

DAY 34 Review

1. 바다   s_____   6. 불, 화재   f_____

2. 아파트   a_____   7. 행운   l_____

3. 테이프   t_____   8. 바쁜, 혼잡한   b_____

4. 종이   p_____   9. 씻다   w_____

5. 커튼, (무대의) 막   c_____   10. 역사   h_____

B. Missing Words

curtain   apartment   fire   wash   paper

1.

I live in an _____.

나는 아파트에 산다.

2.

The _____ spread rapidly.

화재는 빠르게 퍼져 나갔다.

3.

She chose pink _____s.

그녀는 핑크색 커튼을 골랐다.

4.

I used the _____ to write a letter.

나는 편지를 쓰기 위해 그 종이를 사용했다.

5.

It was not easy for me to _____ it.

내가 그것을 씻는 건 쉽지 않았다.

C. Crossword

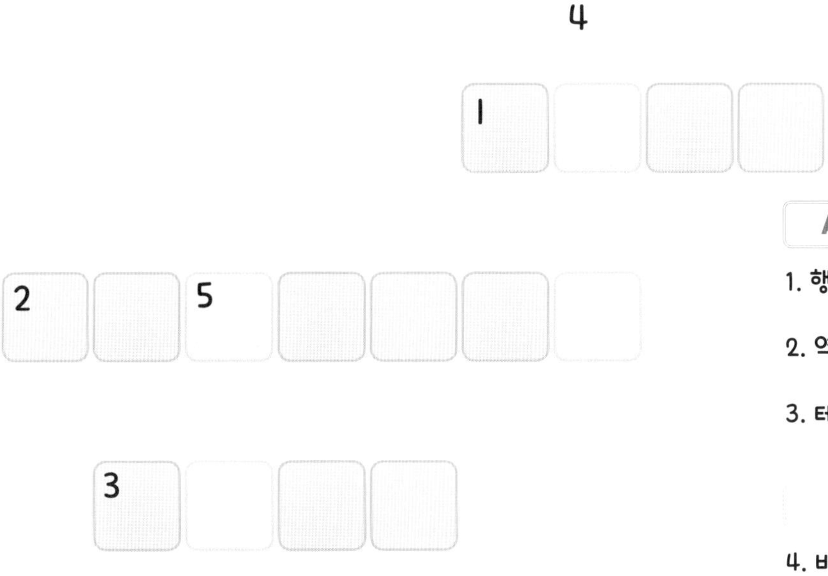

4

1 [ ] [ ] [ ]

2 [ ] 5 [ ] [ ] [ ] [ ]

3 [ ] [ ] [ ]

ACROSS

1. 행운

2. 역사

3. 테이프

DOWN

4. 바쁜, 혼잡한

5. 바다

149

Word Plus⁺

341 ★☆☆

apple [ǽpl]　명 사과

fresh apples
신선한 사과들

Eating apples is really good for your health.
사과를 먹는 건 네 건강에 정말 좋아.

> 연관어
>
> pear 배
> orange 오렌지
> banana 바나나

342 ★☆☆

but [bʌt]　접 그러나, 하지만

I have an appointment, but I can't go out.
나는 약속이 있지만 나갈 수 없다.

I want to go out, but it's raining heavily.
나는 밖에 나가고 싶지만, 비가 많이 오고 있다.

> 유의어
>
> however 그러나, 하지만
>
> 연관어
>
> and 그리고
> or 또는, 혹은

343 ★★★

customer [kʌ́stəmər]　명 손님, 고객

customer service
고객 서비스

The customer is pushing a cart.
그 손님은 카트를 밀고 있다.

> 유의어
>
> guest (호텔, 가정집) 손님

344 ★★☆

first [fəːrst]
한 첫, 첫째의
부 우선, 처음으로

the first person
첫 번째 사람

He took first place in the piano contest.
그는 피아노 대회에서 1등을 했다.

> 연관어
>
> second 둘째의
> third 셋째의

345 ★☆☆

hit [hit]　동 때리다, 치다

hit him on the head
그의 머리를 때리다

He hit the ball on his first swing.
그는 첫 번째 스윙에 공을 쳤다.

> 불규칙동사
>
> (현재) hit
> (과거) hit
> (과거분사) hit

> Check Check A

1. 바위를 치다 _____ the rock

2. 나의 첫 번째 방문 my _____ visit

3. 무례한 고객 a rude _____

4. 초록색 사과 a green _____

5. 춥지만 맑은 cold _____ sunny

346 ★☆☆

lunch [lʌntʃ] 명 점심 식사

have lunch
점심을 먹다

What did you have for lunch today?
너는 오늘 점심으로 무엇을 먹었니?

breakfast 아침 식사
dinner 저녁 식사

347 ★★★

parent [péərənt] 명 부모

meet her parents   ※ 주로 복수(parents)로 사용됨
그녀의 부모님을 만나다

They are my lovely parents.
그들은 내 사랑스러운 부모님이시다.

mom 엄마
dad 아빠
grandparents 조부모

348 ★☆☆

season [síːzn] 명 ① 계절 ② 시기

four seasons
4계절

What's your favorite season?
네가 가장 좋아하는 계절은 무엇이니?

spring 봄
summer 여름
fall 가을 (=autumn)
winter 겨울

349 ★★★

taste [teist] 동 맛이 나다 명 맛

It tastes great.
그건 맛이 좋다.

The dish had a unique taste.
그 음식은 독특한 맛을 갖고 있었다.

salty 짠
sour 신
bitter 쓴
spicy 매운
sweet 달콤한

350 ★☆☆

watch [watʃ] 동 보다, 지켜보다 명 손목시계

watch TV
TV를 보다

My parents bought me a new watch.
우리 부모님께서 내게 새 손목시계를 사 주셨다.

look 보(이)다
see 보다
clock 벽시계

Check Check B

1. 나쁜 맛이 나다 _____ bad

2. 영화를 보다 _____ a movie

3. 내 부모님을 사랑하다 love my _____s

4. 건조한 계절 the dry _____

5. 점심 식사를 준비하다 prepare _____

DAY 35 Review

1. 부모   p_____

6. 첫, 첫째의, 우선   f_____

2. 손님, 고객   c_____

7. 맛이 나다, 맛   t_____

3. 보다, 손목시계   w_____

8. 사과   a_____

4. 때리다, 치다   h_____

9. 계절, 시기   s_____

5. 그러나, 하지만   b_____

10. 점심 식사   l_____

season   taste   parent   customer   first

1.

They are my lovely _____s.
그들은 내 사랑스러운 부모님이시다.

2.

The _____ is pushing a cart.
그 손님은 카트를 밀고 있다.

정답: 351쪽

3.

What's your favorite _____?

네가 가장 좋아하는 계절은 무엇이니?

4.

The dish had a unique _____.

그 음식은 독특한 맛을 갖고 있었다.

5.

He took _____ place in the piano contest.

그는 피아노 대회에서 1등을 했다.

C. Word Search

a	b	i	z	e	l	w
p	u	b	m	e	w	z
p	t	f	l	y	a	n
l	h	i	t	a	t	s
e	p	l	u	n	c	h
f	x	s	i	q	h	r

ACROSS

1. 때리다, 치다: _____

2. 점심 식사: _____

DOWN

3. 사과: _____

4. 그러나, 하지만: _____

5. 보다, 손목시계: _____

153

DAY 36

Word Plus⁺

351
★★★

area [ɛ́əriə] 명 지역, 구역

a designated area
지정 구역

This is a barbecue area.
이곳은 바비큐 공간이다.

유의어
part 부분, 지역
space 공간, 장소

352
★☆☆

butter [bʌ́tər] 명 버터

bread and butter
빵과 버터

I need some butter to make this food.
나는 이 음식을 만들기 위해 버터가 조금 필요하다.

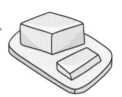

'버터나 잼 등을 얇게 펴서 바른다'라고 말할 때는 동사 'spread'를 사용합니다.

353
★☆☆

cut [kʌt] 동 자르다, 베다 명 상처

cut a piece of paper
종이 한 장을 자르다

Please cut the paper in half.
종이를 반으로 자르세요.

불규칙동사
(현재) cut
(과거) cut
(과거분사) cut

354
★☆☆

fish [fiʃ] 명 물고기, 생선 동 낚시하다

catch a fish
물고기를 잡다

This fish looks colorful.
이 물고기는 화려해 보인다.

물고기는 단수형도 복수형도 모두 'fish'입니다.

355
★★☆

hobby [hábi] 명 취미

my hobby
내 취미

His favorite hobby is cooking.
그가 제일 좋아하는 취미는 요리이다.

연관어
interest 관심, 흥미

Check Check A

1. 당신의 취미 your _____

2. 생선을 좋아하다 like _____

3. 이 지역에서 in this _____

4. 박스를 자르다 _____ the box

5. 약간의 버터를 구입하다 buy some _____

154

356
★★☆

mad [mæd] 형 ① 화가 난 ② 미친

angry 화난

get mad
화가 나다

The man is mad at you.
그 남자가 너에게 화가 나 있어.

357
★☆☆

park [paːrk] 명 공원 동 주차하다

garden 정원
playground 운동장

at the park
공원에서

Let's go to the park tomorrow.
내일 공원에 가자.

358
★★☆

second [sékənd] 한 둘째의 명 [시간] 초

first 첫째의
third 셋째의
minute [시간] 분
hour [시간] 시간

win second prize
2등 상을 받다

I won second place in the race.
나는 경주에서 2등을 했다.

359
★☆☆

taxi [tǽksi] 명 택시
동 비행기가 육상을 활주하다

bus 버스
train 기차
subway 지하철

go there by taxi
그곳에 택시를 타고 가다

Let's take a taxi.
택시를 타자.

360
★☆☆

water [wɔ́ːtər] 명 물 동 물을 주다

milk 우유
juice 주스

drink water
물을 마시다

I filled up my water bottle.
나는 내 물병을 가득 채웠다.

Check Check B

1. 택시 기사 a _____ driver

2. 공원에서 달리다 run in the _____

3. 물이 다 떨어지다 run out of _____

4. 화가 났음에 틀림없다 must be _____

5. 두 번째로 큰 도시 the _____ largest city

DAY 36 Review

1. 택시   t_____

6. 버터   b_____

2. 자르다, 베다   c_____

7. 취미   h_____

3. 화가 난, 미친   m_____

8. 둘째의, [시간] 초   s_____

4. 물, 물을 주다   w_____

9. 지역, 구역   a_____

5. 물고기, 낚시하다   f_____

10. 공원, 주차하다   p_____

B. Missing Words

| mad | fish | second | park | cut |

1.

This _____ looks colorful.

이 물고기는 화려해 보인다.

2.

The man is _____ at you.

그 남자가 너에게 화가 나 있어.

3.

Please _____ the paper in half.

종이를 반으로 자르세요.

4.

I won _____ place in the race.

나는 경주에서 2등을 했다.

5.

Let's go to the _____ tomorrow.

내일 공원에 가자.

C. Unscramble

	단어	뜻
1. <u>x a i t</u>	t ☐ ☐ ☐	_____
2. <u>r a e a</u>	a ☐ ☐ ☐	_____
3. <u>b o b h y</u>	h ☐ ☐ ☐ ☐	_____
4. <u>t w a r e</u>	w ☐ ☐ ☐ ☐	_____
5. <u>t u t r e b</u>	b ☐ ☐ ☐ ☐ ☐	_____

Word Plus⁺

361 ★☆☆

arm [ɑːrm]　명 팔 동 무장하다

my right arm
내 오른팔

I have long arms.
나는 팔이 길다.

연관어
leg 다리
foot 발
hand 손
army 군대

362 ★★☆

button [bʌtən]　명 ① (옷의) 단추 ② 버튼
동 단추를 잠그다

old buttons
낡은 단추들

I have two new buttons.
나에게는 두 개의 새 단추가 있다.

반의어
unbutton 단추를 풀다

363 ★☆☆

dance [dæns]　동 춤추다 명 춤

sing and dance
노래하고 춤을 추다

The children danced happily at the party.
아이들은 파티에서 행복하게 춤을 췄다.

연관어
song 노래
sing 노래하다

364 ★☆☆

five [faiv]　명 5, 다섯

five people
사람 다섯 명

He drew five stars.
그는 별 다섯 개를 그렸다.

연관어
fifteen 15
fifty 50

365 ★★☆

hold [hould]　동 ① (손으로) 잡다(들다)
② (회의를) 열다

hold tight
꽉 잡다

She is holding her mug.
그녀는 그녀의 머그잔을 들고 있다.

숙어
Hold on. 기다려.

불규칙동사
(현재) hold
(과거) held
(과거분사) held

Check Check A

1. 춤을 추고 싶다 want to _____

2. 그 버튼을 누르다 press the _____

3. 내 왼쪽 팔 my left _____

4. 다섯 개의 사과 _____ apples

5. 그녀의 손을 잡다 _____ her hand

158

366 ★★☆

mail [meil]

명 우편, 우편물
동 (우편으로) 보내다

email 이메일

post office 우체국

a mail service
우편 서비스

The mail carrier delivered the mail to us.
우편 배달부가 그 우편물을 우리에게 배달했다.

---

367 ★★☆

part [pa:rt]

명 부분, 일부

whole 전체

different part
다른 부분

This part of the watch has a different color.
시계의 이 부분은 색이 다르다.

---

368 ★☆☆

see [si:]

동 ① 보다 ② 이해하다

watch (TV 등을) 보다

I can see them.
나는 그것들을 볼 수 있다.

Can you see the beautiful butterflies?
저 아름다운 나비가 보이니?

(현재) see
(과거) saw
(과거분사) seen

---

369 ★★☆

teach [ti:tʃ]

동 가르치다

teacher 선생님

teach English
영어를 가르치다

She teaches kids in an elementary school.
그녀는 한 초등학교에서 아이들을 가르친다.

(현재) teach
(과거) taught
(과거분사) taught

---

370 ★★☆

watermelon [wɔ:tərmelən]

명 수박

fruit 과일
peach 복숭아
grape 포도
seed 씨앗

juicy watermelon
과즙이 많은 수박

I love eating watermelon on hot summer days.
나는 뜨거운 여름날에 수박 먹는 것을 좋아한다.

Check Check B

1. 그를 다시 보다 _____ him again

2. 수박 주스를 마시다 drink _____ juice

3. 태권도를 가르치다 _____ taekwondo

4. 그것을 우편으로 보내다 _____ it

5. 내 스테이크의 일부 _____ of my steak

159

DAY 37 Review

A. Korean to English

1. 보다, 이해하다   s_____

2. (손으로) 잡다   h_____

3. 팔, 무장하다   a_____

4. 가르치다   t_____

5. 5, 다섯   f_____

6. 우편, 우편물   m_____

7. (옷) 단추   b_____

8. 수박   w_____

9. 춤추다, 춤   d_____

10. 부분, 일부   p_____

B. Missing Words

button   five   watermelon   see   part

1.

He drew _____ stars.
그는 별 다섯 개를 그렸다.

2.

Can you _____ the beautiful butterflies?
아름다운 나비가 보이니?

160

3.

I have two new _____s.

나에게는 두 개의 새 단추가 있다.

4.

This _____ of the watch has a different color.

시계의 이 부분은 색이 다르다.

5.

I love eating _____ on hot summer days.

나는 뜨거운 여름날에 수박 먹는 것을 좋아한다.

C. Crossword

	4		5	
1				

2 □□

3 □□□

ACROSS

1. 춤추다, 춤

2. 팔, 무장하다

3. (손으로) 잡다(들다)

DOWN

4. 우편, 우편물

5. 가르치다

Word Plus⁺

371
★★☆

around [əráund]
[전] ~의 주위에
[부] ① 주위에 ② 약, ~쯤에

gather around it
그것 주위에 모이다

The earth moves around the sun.
지구는 태양 주위를 돈다.

[유의어]
about 약, ~쯤

372
★☆☆

buy [bai]
[동] 사다, 구입하다

$59.99

buy her a gift
그녀에게 선물을 사 주다

I'd like to buy these shoes.
나는 이 신발을 사고 싶다.

[반의어]
sell 팔다

[불규칙동사]
(현재) buy
(과거) bought
(과거분사) bought

373
★★☆

danger [déindʒər] [명] 위험 (요소)

He is in danger.
그는 위험에 처해 있다.

Icy roads are a danger to drivers.
빙판길은 운전자들에게 위험 요소이다.

[형] dangerous 위험한

[숙어]
in danger 위험에 처한

374
★★★

fix [fiks]
[동] ① 고치다 ② 고정시키다

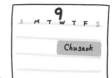

fix the old computer
그 낡은 컴퓨터를 고치다

My father can fix anything.
우리 아버지는 어떤 것이든 다 고치실 수 있다.

[유의어]
repair 수리하다

375
★★☆

holiday [hálədèi] [명] ① 휴가 ② 휴일

enjoy the holiday
휴가를 즐기다

I'll visit my grandma for the Chuseok holidays.
나는 추석 연휴를 위해 우리 할머니를 방문할 것이다.

[연관어]
break 휴식
vacation 방학

[숙어]
on holiday 휴가 중인

Check Check A

1. 심각한 위험 요소 a serious _____

2. 당신의 휴가를 위해 for your _____

3. 테이블 주위에 _____ the table

4. 내 자전거를 고치다 _____ my bike

5. 새 노트북을 사다 _____ a new laptop

376
★★☆

make [meik]   동 ① 만들다 ② ~하게 하다

make some food
어떤 음식을 만들다

I'll make a delicious pizza for you.
내가 너에게 맛있는 피자를 만들어 줄게.

유의어
create 창조하다

불규칙동사
(현재) make
(과거) made
(과거분사) made

377
★★☆

partner [páːrtnər]   명 동반자, 파트너

He is my partner.
그는 내 파트너이다.

We are the best partners.
우리는 최고의 파트너들이다.

유의어
mate 친구
friend 친구

378
★★☆

sell [sel]   동 팔다

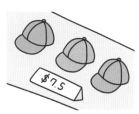

sell many items
많은 물품을 팔다

Look! They are selling baseball caps.
봐봐! 그들은 야구 모자를 팔고 있어.

반의어
buy 사다

불규칙동사
(현재) sell
(과거) sold
(과거분사) sold

379
★★☆

team [tiːm]   명 (경기 등의) 팀

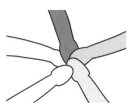

members in the team
그 팀의 멤버들

We are the world's best team.
우리는 세계 최고의 팀이다.

유의어
group 무리, 집단

380
★☆☆

way [wei]   명 ① 길 ② 방법

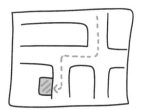

I'm on my way home.
나는 집에 가는 길이다.

Do you know the way to the restaurant?
너는 식당으로 가는 길을 아니?

유의어
path 길, 계획
road 도로, 길

숙어
on the way to
~로 가는 중인

Check Check B

1. 우리의 파트너 our _____

2. 케이크를 만들다 _____ a cake

3. 방법을 찾다 find a _____

4. 과일을 팔다 _____ fruits

5. 농구 팀 a basketball _____

163

DAY 38 Review

1. 만들다   m_____

2. 위험 (요소)   d_____

3. (경기 등의) 팀   t_____

4. 사다, 구입하다 b_____

5. 휴가, 휴일   h_____

6. ~의 주위에   a_____

7. 팔다   s_____

8. 고치다   f_____

9. 길, 방법   w_____

10. 동반자, 파트너 p_____

B. Missing Words

buy	holiday	danger	around	partner

1.

We are the best _____s.
우리는 최고의 파트너들이다.

2.

I'd like to _____ these shoes.
나는 이 신발을 사고 싶다.

164

3.

The earth moves _____ the sun.

지구는 태양 주위를 돈다.

4.

Icy roads are a _____ to drivers.

빙판길은 운전자들에게 위험 요소이다.

5.

I'll visit my grandma for the Chuseok _____s.

나는 추석 연휴를 위해 우리 할머니를 방문할 것이다.

C. Word Search

t	w	o	i	m	q	e
e	l	z	n	w	a	y
a	h	h	m	g	p	h
m	i	n	a	f	i	x
t	k	x	k	y	d	q
y	x	s	e	l	l	p

ACROSS

1. 길, 방법: _____

2. 고치다: _____

3. 팔다: _____

DOWN

4. (경기 등의) 팀: _____

5. 만들다: _____

165

Word Plus⁺

381 ★★☆

arrive [əráiv] 동 도착하다

arrive there in a minute
곧 그곳에 도착하다

We're going to arrive in London soon.
우리는 곧 런던에 도착할 것이다.

반의어
leave 떠나다
depart 출발하다

382 ★★☆

by [bai] 전 ① ~의 옆에 ② ~에 의하여 ③ ~까지

read a book by the tree
나무 옆에서 책을 읽다

This is a famous novel written by Peter Park.
이것은 Peter Park에 의해 쓰인 유명한 소설이다.

유의어
near 가까이
next to ~바로 옆에
beside 옆에

383 ★★☆

dark [da:rk] 형 어두운 명 어둠

too dark to see
너무 어두워서 보이지 않는

It was dark outside and I couldn't see much.
밖은 어두웠고 나는 앞을 잘 볼 수가 없었다.

반의어
bright 밝은
light 빛

명 darkness 어둠

384 ★★☆

floor [flɔ:r] 명 ① 바닥 ② 층

on the kitchen floor
부엌 바닥에

I live on the second floor.
나는 2층에 살고 있다.

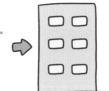

연관어
ceiling 천장

385 ★☆☆

home [houm] 명 ① 집 ② 고향 부 집에(으로)

time to go home
집에 갈 시간

She is going back home after school.
그녀는 방과 후에 집으로 돌아가고 있다.

연관어
hometown 고향

Check Check A

1. 어두운 방 a _____ room

2. 바닥을 청소하다 clean the _____

3. 집에 머물다 stay at _____

4. 일찍 도착하다 _____ early

5. 강 옆에 산다 live _____ the river

386 ★☆☆

man [mæn]　명 남자

know the man
그 남자를 안다

The man smiled and waved at his friends.
그 남자는 미소를 짓고 그의 친구들에게 손을 흔들었다.

연관어
men 남자들
woman 여자
women 여자들

---

387 ★☆☆

party [páːrti]　명 ① 파티 ② 정당 ③ 단체

throw a party
파티를 열다

We celebrated her birthday with a fun party.
우리는 재미있는 파티로 그녀의 생일을 축하했다.

'파티를 열다'라는 표현은 동사 'have, hold, throw' 등과 함께 씁니다.

---

388 ★★☆

send [send]　동 보내다

send him a text message
그에게 문자 메시지를 보내다

I will send this letter to my uncle.
나는 이 편지를 삼촌에게 보낼 것이다.

반의어
receive 받다

불규칙동사
(현재) send
(과거) sent
(과거분사) sent

---

389 ★★☆

telephone/phone [téləfòun]/[foun]　명 전화
동 전화를 걸다

buy a new phone
새 전화를 구입하다

The telephone is ringing.
전화가(전화벨이) 울리고 있다.

연관어
text 메시지를 보내다
ring 전화하다, 울리다

---

390 ★☆☆

we [wiː]　대 우리

what we know about it
그것에 대해 우리가 아는 것

We always study together.
우리는 언제나 같이 공부한다.

연관어
you 너희(들)
they 그들

Check Check B

1. 전화를 받다 answer the _____

2. 송별회(송별 파티) a farewell _____

3. 키가 큰 남자 a tall _____

4. 메시지를 보내다 _____ a message

5. 우리가 좋아하는 것 what _____ like

167

DAY 39 Review

A. Korean to English

1. 집, 고향   h_____   6. 어두운, 어둠   d_____

2. 파티, 정당   P_____   7. 우리   w_____

3. ~의 옆에   b_____   8. 남자   m_____

4. 전화   t_____   9. 도착하다   a_____

5. 바닥, 층   f_____   10. 보내다   s_____

B. Missing Words

we	arrive	by	telephone	man

1.

The _____ is ringing.

전화가(전화벨이) 울리고 있다.

2.

_____ always study together.

우리는 언제나 같이 공부한다.

168

3.

We're going to _____ in London soon.

우리는 곧 런던에 도착할 것이다.

4.

The _____ smiled and waved at his friends.

그 남자는 미소를 짓고 그의 친구들에게 손을 흔들었다.

5.

This is a famous novel written _____ Peter Park.

이것은 Peter Park에 의해 쓰인 유명한 소설이다.

C. Unscramble

	단어	뜻
1. <u>a</u> <u>r</u> <u>k</u> <u>d</u>	d ☐ ☐ ☐	_____
2. <u>d</u> <u>e</u> <u>n</u> <u>s</u>	s ☐ ☐ ☐	_____
3. <u>m</u> <u>o</u> <u>e</u> <u>h</u>	h ☐ ☐ ☐	_____
4. <u>r</u> <u>o</u> <u>l</u> <u>o</u> <u>f</u>	f ☐ ☐ ☐ ☐	_____
5. <u>t</u> <u>a</u> <u>r</u> <u>p</u> <u>y</u>	P ☐ ☐ ☐ ☐	_____

Word Plus⁺

391 ★★☆

art [a:rt] 명 예술, 미술

modern art
현대 미술

Ms. Keller is an art teacher.
Keller 씨는 미술 교사이다.

연관어

painting 그림
drawing 그림
sculpture 조각
artist 예술가

392 ★☆☆

cake [keik] 명 케이크

a birthday cake
생일 케이크

I love strawberry cakes.
나는 딸기 케이크를 좋아한다.

연관어

dessert 디저트

숙어

a piece of cake
쉬운 일, 식은 죽 먹기

393 ★★☆

date [deit] 명 ① 날짜 ② (남녀 간의) 데이트

forget the due date
마감 날짜를 잊다

What's the date today?
오늘이 며칠이지? (오늘 날짜가 뭐지?)

영어에서 요일을 물을 때는
"What day is it?"이라
고 말합니다.

394 ★☆☆

flower [fláuər] 명 꽃

go to a flower shop
꽃 가게에 가다

Look at this beautiful flower!
이 아름다운 꽃을 좀 봐!

연관어

rose 장미
tulip 튤립
lily 백합

395 ★★☆

homework [hóumwərk] 명 숙제

finish my homework today
오늘 내 숙제를 끝내다

The kid is really busy with his homework.
그 아이는 숙제하느라 아주 바쁘다.

유의어

assignment 과제

숙어

do one's homework
숙제를 하다

Check Check A

1. 나의 숙제를 하다 do my _____

2. 케이크 두 조각 two pieces of _____

3. 빨간 꽃 a red _____

4. 날짜를 기억하다 remember the _____

5. 미술관에 가다 go to the _____ gallery

396 ★★☆

many [méni] 한 많은 대 다수의 사람(물건)

many drivers
많은 운전자

There are many cars on the road.
길 위에 많은 자동차가 있다.

397 ★★☆

pass [pæs] 동 ① 통과하다 ② 지나가다 ③ 건네주다

반의어
fail 실패하다, 떨어지다

pass the exam
시험에 통과하다

I studied hard and finally passed the test.
나는 열심히 공부했고 마침내 시험에 통과했다.

398 ★★☆

service [sə́:rvis] 명 ① 서비스 ② 근무

연관어
help 도움
support 지지, 도움

satisfied with their service
그들의 서비스에 만족하는

The restaurant provided excellent service.
그 식당은 훌륭한 서비스를 제공했다.

399 ★★☆

television [téləviʒən] 명 텔레비전(=TV)

연관어
radio 라디오
turn on 켜다
turn off 끄다

turn on the television
TV를 켜다

My children usually watch television after dinner.
내 아이들은 저녁 식사 후 보통 TV를 본다.

400 ★★☆

wear [wɛər] 동 (옷, 모자, 신발 등을) 입고(쓰고/착용하고) 있다

연관어
put on 입다
※ wear는 상태, put on은 동작에 초점

불규칙동사
(현재) wear
(과거) wore
(과거분사) worn

wear a white shirt
흰색 셔츠를 입다

The man wearing sunglasses is my little brother.
선글라스 쓰고 있는 그 남자가 내 남동생이다.

Check Check B

1. 모자를 쓰다 _____ a cap

2. 소금을 건네주다 _____ the salt

3. 새 텔레비전을 구입하다 buy a new _____

4. 훌륭한 서비스 a great _____

5. 많은 사람을 만나다 meet _____ people

DAY 40 Review

1. 입고 있다   w_____
2. 예술, 미술   a_____
3. 숙제   h_____
4. 통과하다   p_____
5. 케이크   c_____
6. 서비스, 근무   s_____
7. 날짜, 데이트   d_____
8. 많은   m_____
9. 꽃   f_____
10. 텔레비전   t_____

B. Missing Words

service   homework   many   television   flower

1.

Look at this beautiful _____!
이 아름다운 꽃을 좀 봐!

2.

There are _____ cars on the road.
길 위에 많은 자동차가 있다.

정답: 353쪽

3.

The kid is really busy with his _____.

그 아이는 숙제하느라 아주 바쁘다.

4.

The restaurant provided excellent _____.

그 식당은 훌륭한 서비스를 제공했다.

5.

My children usually watch _____ after dinner.

내 아이들은 저녁 식사 후 보통 TV를 본다.

C. Crossword

ACROSS

1. 케이크

2. 예술, 미술

DOWN

3. 통과하다, 지나가다

4. 입고(쓰고/착용하고) 있다

5. 날짜, (남녀 간의) 데이트

Word Plus⁺

401
★★★
as [æz]
[접] ① ~하고 있을 때 ② ~이기 때문에
[전] ① ~로서 ② ~처럼

[유의어]
when ~할 때
because ~때문에

as I was working there
내가 거기에서 일하고 있었을 때

I work in this restaurant as a waiter.
나는 이 식당에서 웨이터로 일한다.

402
★☆☆
call [kɔːl]
[동] ① 전화하다 ② 부르다
[명] 전화

[유의어]
ring 전화하다
phone 전화를 걸다

call you later
나중에 너에게 전화하다

Please call me when you arrive there.
네가 거기 도착하면 내게 전화해.

403
★★★
daughter [dɔ́ːtər]
[명] 딸

[연관어]
son 아들
granddaughter 손녀
grandson 손자

an adorable daughter
사랑스러운 딸

They have one daughter.
그들에게는 딸이 한 명 있다.

404
★☆☆
fly [flai]
[동] 날다, 비행하다
[명] 파리

[불규칙동사]
(현재) fly
(과거) flew
(과거분사) flown

fly to the sky
하늘로 날다

The young bird is about to fly for the first time.
그 어린 새는 처음으로 날려고 하고 있다.

405
★★★
honest [ánist]
[형] 정직한, 솔직한

※ h는 발음되지 않음

[반의어]
dishonest 정직하지 않은

[명] honesty 정직, 솔직
[부] honestly 솔직하게

must be honest
정직해야 한다

I'd like you to give me an honest answer.
나는 네가 내게 정직한 대답을 해 줬으면 좋겠어.

Check Check A

1. 교사로서 _____ a teacher

2. 새처럼 날다 _____ like a bird

3. 정직한 남자 an _____ man

4. 경찰에 전화하다 _____ the police

5. 우리의 사랑스러운 딸 our lovely _____

406 ★☆☆

map [mæp] 명 지도

need a map for my trip
내 여행을 위해 지도가 필요하다

I can go anywhere with this map.
나는 이 지도로 어디든 갈 수 있다.

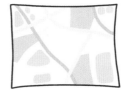

407 ★★☆

pay [pei] 동 지불하다, 계산하다

pay ten dollars
10달러를 지불하다

Can I pay by credit card?
제가 신용카드로 계산해도 될까요?

연관어

cash 현금

credit card 신용카드

불규칙동사

(현재) pay
(과거) paid
(과거분사) paid

408 ★☆☆

seven [sévən] 명 7, 일곱

seven dots
일곱 개의 점

Seven has always been my lucky number.
숫자 7은 언제나 내 행운의 숫자였다.

연관어

seventeen 17
seventy 70

409 ★☆☆

tell [tel] 동 말하다

tell her about it
그것에 대해 그녀에게 말하다

Michael is telling his secret to her.
Michael은 그녀에게 그의 비밀을 말해 주고 있다.

불규칙동사

(현재) tell
(과거) told
(과거분사) told

410 ★★☆

weather [wéðər] 명 날씨

good weather
좋은 날씨

This is today's weather forecast.
오늘의 날씨(일기) 예보입니다.

연관어

sunny 화창한
rainy 비 오는
windy 바람이 부는
cloudy 구름 낀
snowy 눈 오는

Check Check B

1. 일곱 살 된 _____ years old

2. 파리의 지도 a _____ of Paris

3. 나쁜 날씨 때문에 because of the bad _____

4. 지금 그것의 값을 지불하다 _____ it now

5. 사실을 말하다 _____ the truth

DAY 41 Review

1. 날다, 비행하다   f_____
2. 날씨   w_____
3. ~로서   a_____
4. 지도   m_____
5. 전화하다   c_____

6. 지불하다   p_____
7. 7, 일곱   s_____
8. 정직한, 솔직한   h_____
9. 딸   d_____
10. 말하다   t_____

B. Missing Words

seven   weather   as   daughter   honest

1.

   This is today's _____ forecast.
   오늘의 날씨(일기) 예보입니다.

2.

   They have one _____.
   그들에게는 딸이 한 명 있다.

176

3.

I work in this restaurant _____ a waiter.

나는 이 식당에서 웨이터로 일한다.

4.

_____ has always been my lucky number.

숫자 7은 언제나 내 행운의 숫자였다.

5.

I'd like you to give me an _____ answer.

나는 네가 내게 정직한 대답을 해 줬으면 좋겠어.

C. Word Search

f	t	c	t	z	b	e
l	k	m	e	p	a	y
y	c	a	l	l	p	o
h	z	p	l	c	h	a
g	t	i	d	g	l	m
h	a	s	c	y	z	q

ACROSS

1. 지불하다: _____

2. 전화하다: _____

DOWN

3. 날다: _____

4. 지도: _____

5. 말하다: _____

177

Word Plus⁺

411 ★★☆

ask [æsk] 동 ① 질문하다
② 부탁하다(요청하다)

ask you a favor
너에게 부탁을 하다

Can I ask you a question?
제가 당신에게 질문을 하나 해도 될까요?

숙어

ask ~ to ...
~에게 ...할 것을 요청하다

412 ★☆☆

camera [kǽmərə] 명 사진기, 카메라

buy a new camera
새 카메라를 구입하다

I forgot to bring my camera.
나는 카메라 갖고 오는 걸 깜빡했다.

연관어

digital camera
디지털 카메라
take a picture
사진을 찍다

413 ★☆☆

day [dei] 명 날, 하루

a nice day
멋진 하루

Brush your teeth at least three times a day.
적어도 하루에 세 번은 양치질을 하세요.

연관어

week 주
month 달, 월
year 해, 년

414 ★★★

focus [fóukəs] 동 집중하다 명 초점

need to focus
집중할 필요가 있다

Please focus during the class.
수업 중에는 집중하세요.

숙어

focus on ~에 집중하다

415 ★★☆

hope [houp] 동 희망하다 명 희망

hope to see him again
그를 다시 보기를 희망하다

I hope I get a puppy.
나는 강아지를 갖게 되기를 희망한다.

연관어

dream 꿈
wish 소원, 소망

Check Check A

1. 디지털 카메라 a digital _____

2. 좋은 하루를 보내다 have a great _____

3. 그에게 남으라고 부탁하다 _____ him to stay

4. 그의 연설에 집중하다 _____ on his speech

5. 그를 방문하기를 희망하다 _____ to visit him

416
★★★

marathon [mǽrəθàn] 명 마라톤

become a marathon runner
마라톤 선수가 되다

He is running a marathon.
그는 마라톤을 뛰고 있다.

연관어
race 경주

'마라톤'은 42.195km를
달리는 육상 경기입니다.

417
★☆☆

pen [pen] 명 펜

a pen and a pencil
펜과 연필

She has a black pen in her pencil case.
그녀는 필통 안에 검은색 펜을 하나 갖고 있다.

연관어
pencil 연필
eraser 지우개

418
★★☆

set [set] 동 ① 놓다 ② (기계를) 맞추다
③ (밥상을) 차리다

set it on the table
그것을 테이블 위에 놓다

I already set the alarm for tomorrow morning.
나는 내일 아침을 위해 이미 알람을 맞춰 놨다.

숙어
set up 설치하다

불규칙동사
(현재) set
(과거) set
(과거분사) set

419
★☆☆

ten [ten] 명 10, 열

ten small circles
열 개의 작은 원

I have ten coins in my pocket.
나는 주머니에 열 개의 동전이 있다.

연관어
twenty 20
thirty 30
forty 40
fifty 50

420
★★★

website [wébsait] 명 웹사이트

visit the website
그 웹사이트를 방문하다

I found all the information on this website.
나는 이 웹사이트에서 모든 정보를 찾았다.

인터넷 주소를 입력할 때 맨
앞에 쓰는 www는 'world
wide web'의 첫 글자입니다.

Check Check B

1. 밥상을 차리다 _____ the table

2. 10개월 동안 for _____ months

3. 펜 하나를 사다 buy a _____

4. 유용한 웹사이트 a useful _____

5. 런던 마라톤 (대회) the London _____

179

DAY 42 Review

A. Korean to English

1. 펜   p_____

2. 사진기, 카메라   c_____

3. 희망하다, 희망   h_____

4. 웹사이트   w_____

5. 날, 하루   d_____

6. 집중하다, 초점   f_____

7. 놓다, 맞추다   s_____

8. 마라톤   m_____

9. 질문하다   a_____

10. 10, 열   t_____

B. Missing Words

set   marathon   pen   ask   day

1.

He is running a _____.
그는 마라톤을 뛰고 있다.

2.

Can I _____ you a question?
제가 당신에게 질문을 하나 해도 될까요?

180

3.

She has a black _____ in her pencil case.

그녀는 필통 안에 검은색 펜을 하나 갖고 있다.

4.

Brush your teeth at least three times a _____.

적어도 하루에 세 번은 양치질을 하세요.

5.

I already _____ the alarm for tomorrow morning.

나는 내일 아침을 위해 이미 알람을 맞춰 놨다.

C. Unscramble

	단어	뜻
1. <u>n</u> <u>e</u> <u>t</u>	t ☐ ☐	_____
2. <u>p</u> <u>h</u> <u>o</u> <u>e</u>	h ☐ ☐ ☐	_____
3. <u>s</u> <u>o</u> <u>c</u> <u>u</u> <u>f</u>	f ☐ ☐ ☐ ☐	_____
4. <u>r</u> <u>a</u> <u>m</u> <u>c</u> <u>a</u> <u>e</u>	c ☐ ☐ ☐ ☐ ☐	_____
5. <u>b</u> <u>i</u> <u>e</u> <u>w</u> <u>e</u> <u>s</u> <u>t</u>	w ☐ ☐ ☐ ☐ ☐ ☐	_____

DAY 43

421
★★☆

at [æt]

전 ① [시간] ~에 ② [장소] ~에서

be there at 3:00 p.m.
오후 3시에 그곳에 있다

I saw Brian at the bus stop today.
나는 오늘 Brian을 버스 정류장에서 봤다.

시간을 나타내는 말 앞에 at(구체적 시각 앞에), on(날짜, 요일 앞에), in(월, 연도 앞에)을 사용할 수 있습니다.

422
★★☆

camp [kæmp]

명 야영지, 캠프
동 야영하다, 캠핑을 하다

return to camp
야영지로 돌아가다

We're going to the mountains to camp.
우리는 캠핑을 하러 산에 가는 중이다.

연관어
campsite 캠프장
(=campground)

숙어
go camping 캠핑 가다

423
★★☆

dead [ded]

형 ① 죽은 ② 다 닳은

the dead plants
죽은 식물들

I forgot to charge my smartphone, and now it's dead.
나는 스마트폰 충전하는 걸 깜빡했고 지금 배터리가 다 닳았다.

반의어
alive 살아 있는

연관어
die 죽다
live 살다

424
★☆☆

food [fu:d]

명 음식, 식품

eat delicious food
맛있는 음식을 먹다

We have a lot of food in the refrigerator.
우리는 냉장고에 음식이 많다.

연관어
fruit 과일
vegetable 채소
meat 고기
dairy 유제품

425
★☆☆

horse [hɔːrs]

명 말

ride a horse
말을 타다

The horse runs incredibly fast.
그 말은 믿을 수 없을 정도로 빨리 달린다.

연관어
cow 소
zebra 얼룩말

말보다 작은 조랑말은 영어로 pony입니다.

Check Check A

1. 아기 말 a baby _____

2. 7시 정각에 _____ 7 o'clock

3. 죽은 나뭇잎들 _____ leaves

4. 캠프를 설치하다 set up _____

5. 약간의 음식을 먹다 eat some _____

426 ★★☆

market [máːrkit] 몡 시장

at the farmer's market
농산물 직판장에서

Mom bought fresh fruits at the local market.
엄마는 지역 시장에서 신선한 과일을 구입하셨다.

flea market 벼룩시장

427 ★☆☆

pencil [pénsəl] 몡 연필

sharpen a pencil
연필을 깎다

There are three pencils on the desk.
책상 위에 연필 세 자루가 있다.

pen 펜
eraser 지우개
ruler 자
scissors 가위

428 ★☆☆

she [ʃiː] 때 그녀

Who is she?
그녀는 누구인가?

She is my best friend, Somin.
그녀는 내 제일 친한 친구인 소민이다.

he 그(남자)
it 그것

429 ★★☆

tennis [ténis] 몡 테니스

go to the tennis court
테니스 코트로 가다

My dad plays tennis every day.
우리 아빠는 매일 테니스를 치신다.

table tennis 탁구

430 ★★☆

wedding [wédiŋ] 몡 결혼, 결혼식

a romantic wedding
로맨틱한 결혼식

The wedding ceremony was filled with joy.
결혼식은 기쁨으로 가득했다.

bride 신부
groom 신랑

Check Check B

1. 시장에 가다 go to the _____

2. 그녀는 배가 고프다. _____ is hungry.

3. 테니스 선수 a _____ player

4. 연필과 지우개 a _____ and an eraser

5. 결혼식 드레스(웨딩드레스) a _____ dress

DAY 43 Review

A. Korean to English

1. 음식, 식품   f_____   6. 연필   p_____

2. 그녀   s_____   7. 야영지, 캠프   c_____

3. 결혼, 결혼식   w_____   8. 말   h_____

4. ~에, ~에서   a_____   9. 테니스   t_____

5. 시장   m_____   10. 죽은, 다 닳은   d_____

B. Missing Words

market	tennis	wedding	she	at

1.

My dad plays _____ every day.

우리 아빠는 매일 테니스를 치신다.

2.

_____ is my best friend, Somin.

그녀는 내 제일 친한 친구인 소민이다.

3.

I saw Brian _____ the bus stop today.

나는 오늘 Brian을 버스 정류장에서 봤다.

4.

The _____ ceremony was filled with joy.

결혼식은 기쁨으로 가득했다.

5.

Mom bought fresh fruits at the local _____.

엄마는 지역 시장에서 신선한 과일을 구입하셨다.

C. Crossword

1. 말

2. 죽은, 다 닳은

3. 야영지, 캠프

DOWN

4. 음식, 식품

5. 연필

DAY 44

431 ★★☆

aunt [ænt] 명 고모, 이모, 숙모

한국어에서는 고모, 이모, 숙모를 구분해서 말하지만, 영어에서는 모두 'aunt'라고 칭합니다.

my uncle and aunt
나의 삼촌과 숙모

I visited my aunt last weekend.
나는 지난 주말에 우리 고모 댁을 방문했다.

432 ★★★

campaign [kæmpéin] 명 캠페인, (사회적·정치적) 운동

※ g는 발음되지 않음

숙어

campaign for
~에 찬성하는 캠페인

campaign against
~에 빈대하는 캠페인

a meaningful campaign
의미 있는 캠페인

She joined the environmental campaign.
그녀는 환경 캠페인에 동참했다.

433 ★★☆

death [deθ] 명 죽음

반의어

life 삶, 목숨
birth 탄생

life after death
죽음 이후의 삶(사후 세계)

We were shocked by his sudden death.
우리는 그의 갑작스러운 죽음에 충격을 받았다.

434 ★★☆

fool [fuːl] 명 바보 동 속이다

연관어

April Fools' Day
만우절(4월 1일)

become a fool
바보가 되다

Do you think I'm a fool?
너는 내가 바보라고 생각하니?

435 ★★☆

hospital [háspitl] 명 병원

hospital보다 작은 규모의 병원은 clinic이라고 합니다.

build a new hospital
새 병원을 짓다

He is in the hospital now.
그는 지금 병원에 있다.

Check Check A

1. 죽음을 두려워하는 afraid of _____

2. 캠페인의 일부 part of the _____

3. 바보같이 like a _____

4. 병원에 가다 go to the _____

5. 나의 이모를 만나다 meet my _____

436
★★☆

marry [mǽri]   동 ~와 결혼하다

marry 다음에 with를 붙
이지 않는 것에 주의해야
합니다.

예 Will you marry
with me? (X)

want to marry my girlfriend
내 여자친구와 결혼하고 싶다

Will you marry me?
나와 결혼해 줄래?

437
★★☆

people [píːpl]   명 ① 사람들 ② 국민

연관어

person 사람

people은 복수형으로 쓰이
는 명사입니다.

look at the people
그 사람들을 보다

There are many people in the park.
공원에 사람들이 많다.

438
★☆☆

ship [ʃip]   명 배   동 (배로) 수송하다

ship보다 크기가 작고, 가
까운 거리를 오가는 배를 의
미하는 영어 단어는 ferry
입니다.

a sinking ship
가라앉고 있는 배

There were several ships waiting at the dock.
부두에 정박해 있는 배가 몇 척 있었다.

439
★☆☆

tent [tent]   명 텐트, 천막

숙어

set up a tent
텐트를 치다

sleep in the tent
텐트에서 자다

I set up the tent near the river.
나는 강 근처에 텐트를 쳤다.

440
★☆☆

week [wiːk]   명 일주일, 주

연관어

day 날
month 달
year 년, 해

stay in Busan for a week
일주일 동안 부산에 머물다

I'm planning to visit my grandfather next week.
나는 다음 주에 할아버지를 방문할 계획이다.

Check Check B

1. 이번 주 this _____

2. 그곳에 배로 가다 go there by _____

3. 10명의 사람들을 초대하다 invite ten _____

4. 그녀와 결혼하다 _____ her

5. 새 텐트가 필요하다 need a new _____

DAY 44 Review

A. Korean to English

1. 배, 수송하다   s_____   6. 병원   h_____

2. 바보, 속이다   f_____   7. 고모, 이모, 숙모   a_____

3. ~와 결혼하다   m_____   8. 텐트, 천막   t_____

4. 캠페인   c_____   9. 죽음   d_____

5. 일주일, 주   w_____   10. 사람들, 국민   p_____

B. Missing Words

marry   people   campaign   hospital   death

1. Will you _____ me?
나와 결혼해 줄래?

2. He is in the _____ now.
그는 지금 병원에 있다.

3.

There are many _____ in the park.
공원에 사람들이 많다.

4.

She joined the environmental _____.
그녀는 환경 캠페인에 동참했다.

5.

We were shocked by his sudden _____.
우리는 그의 갑작스러운 죽음에 충격을 받았다.

C. Word Search

w	s	h	i	p	a	x
e	e	n	o	m	h	f
e	t	e	n	t	a	o
k	g	n	t	f	u	o
v	h	p	v	m	n	l
i	u	x	c	f	t	p

ACROSS

1. 배, (배로) 수송하다: _____

2. 텐트, 천막: _____

DOWN

3. 일주일, 주: _____

4. 고모, 이모, 숙모: _____

5. 바보, 속이다: _____

189

DAY 45

Word Plus⁺

441
★★★

autumn [ɔ́ːtəm] 명 가을

in (the) autumn
가을에 　　　　　　　※ n은 발음되지 않음

Autumn is my favorite season.
가을은 내가 가장 좋아하는 계절이다.

유의어
fall 가을

연관어
spring 봄
summer 여름
winter 겨울

442
★☆☆

can [kæn] 조 ① ~할 수 있다 ② ~해도 좋다
　　　　　　 명 깡통, 캔

Can I use it?
제가 그것을 사용해도 될까요?

I can do double unders.
나는 줄넘기 2단 뛰기를 할 수 있다.

유의어
be able to ~할 수 있다
may ~해도 된다

부정형은 cannot(can't)이
라고 씁니다.

443
★★★

decide [disáid] 동 ① 결심하다 ② 결정하다

decide to do my best
최선을 다하기로 결심하다

My brother decided to study hard.
내 남동생은 열심히 공부하기로 결심했다.

decide는 주로 「to+동사
원형」과 함께 사용됩니다.

444
★☆☆

foot [fut] 명 발

my right foot
내 오른쪽 발 　　　　　 ※ 주로 복수형(feet)으로 사용됨

He hurt his left foot while hiking in the mountains.
그는 산에서 하이킹을 하다가 왼쪽 발을 다쳤다.

foot의 복수는 foots가 아
닌 feet입니다.

445
★☆☆

hot [hat] 형 ① 뜨거운 ② 매운

hot water
뜨거운 물

She is drinking hot tea.
그녀는 뜨거운 차를 마시고 있다.

연관어
warm 따뜻한
cool 시원한
cold 차가운, 추운
spicy 매운

Check Check A

1. 내 왼쪽 발 my left _____

2. 뜨거운 날씨 the _____ weather

3. 피아노를 연주할 수 있다 _____ play the piano

4. 가을에 여행하다 travel in _____

5. 떠나기로 결정하다 _____ to leave

190

446 ★★☆

mathematics/math [mæθəmǽtiks]/[mæθ] 명 수학

good at math
수학에 소질이 있는

Math is not an easy subject.
수학은 쉬운 과목이 아니다.

연관어
science 과학
social studies 사회

447 ★☆☆

piano [piǽnou] 명 피아노

how to play the piano
피아노 연주하는 법

He is good at playing the piano.
그는 피아노 연주에 소질이 있다.

연관어
violin 바이올린
flute 플루트
cello 첼로
pianist 피아니스트

448 ★★☆

shirt [ʃəːrt] 명 셔츠

like a white shirt
흰색 셔츠를 좋아하다

I bought a new shirt today.
나는 오늘 새 셔츠 하나를 샀다.

연관어
T-shirt 티셔츠
blouse 블라우스
sweater 스웨터

449 ★☆☆

test [test] 명 ① 시험 ② 검사
동 검사하다

prepare for the test
시험을 준비하다(대비하다)

She is studying hard for the upcoming test.
그녀는 다가오는 시험을 위해 열심히 공부한다.

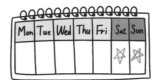

연관어
quiz 퀴즈
exam 시험

450 ★★☆

weekend [wíkend] 명 주말

have a good weekend
좋은 주말을 보내다

I'll stay home and rest this weekend.
나는 이번 주말에 집에 있으면서 쉴 것이다.

Mon	Tue	Wed	Thu	Fri	Sat	Sun

연관어
holiday 휴일
vacation 방학, 휴가

Check Check B

1. 역사 시험 a history _____

2. 피아노 대회 the _____ contest

3. 지난 주말에 last _____

4. 수학 시간에 in _____ class

5. 셔츠를 입고 있는 wearing a _____

191

DAY 45 Review

1. 수학   m_____

6. 뜨거운, 매운   h_____

2. 결심하다   d_____

7. 시험, 검사   t_____

3. 주말   w_____

8. 가을   a_____

4. ~할 수 있다   c_____

9. 피아노   p_____

5. 셔츠   s_____

10. 발   f_____

B. Missing Words

| math | weekend | hot | can | foot |

1.

She is drinking _____ tea.
그녀는 뜨거운 차를 마시고 있다.

2.

I _____ do double unders.
나는 줄넘기 2단 뛰기를 할 수 있다.

3.

_____ is not an easy subject.

수학은 쉬운 과목이 아니다.

4.

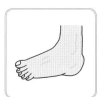

I'll stay home and rest this _____.

나는 이번 주말에 집에 있으면서 쉴 것이다.

5.

He hurt his left _____ while hiking in the mountains.

그는 산에서 하이킹을 하다가 왼쪽 발을 다쳤다.

C. Unscramble

	단어	뜻
I. <u>s</u> <u>t</u> <u>e</u> <u>t</u>	t ▢ ▢ ▢	_____
2. <u>r</u> <u>i</u> <u>t</u> <u>h</u> <u>s</u>	s ▢ ▢ ▢ ▢	_____
3. <u>a</u> <u>n</u> <u>i</u> <u>p</u> <u>o</u>	P ▢ ▢ ▢ ▢	_____
4. <u>d</u> <u>i</u> <u>e</u> <u>d</u> <u>e</u> <u>c</u>	d ▢ ▢ ▢ ▢ ▢	_____
5. <u>t</u> <u>a</u> <u>n</u> <u>u</u> <u>m</u> <u>u</u>	a ▢ ▢ ▢ ▢ ▢	_____

DAY 46

Word Plus⁺

451 ★★★

away [əwéi]
- 부 [위치] 떨어져서
- 형 떨어져 있는

반의어
near 근처에

stay away **from him**
그에게서 떨어져 지내다

We live far away **from each other.**
우리는 서로 멀리 떨어져서 살고 있다.

---

452 ★☆☆

candy [kǽndi]
명 사탕, 캔디

연관어
sweets 사탕
chocolate 초콜릿
gummy candy 젤리

my favorite candy
내가 제일 좋아하는 캔디

I bought a box of candy **for my daughter.**
나는 내 딸을 위해 사탕 한 박스를 샀다.

---

453 ★★★

deep [diːp]
형 깊은 부 깊이

부 deeply 깊이,아주, 대단히

The hole is so deep.
그 구멍은 아주 깊다.

Be careful. This well is very deep.
조심해. 이 우물은 아주 깊어.

---

454 ★★☆

football [fútbɔːl]
명 ① 미식축구 ② 축구

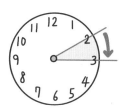

football은 영국 영어에서는 '축구(soccer)'의 뜻으로 사용되고, 미국 영어에서는 '미식축구'의 뜻으로 사용됩니다.

watch the football **game**
(미식)축구 경기를 보다

He is the world's best football **player.**
그는 세계 최고의 (미식)축구 선수이다.

---

455 ★☆☆

hour [auər]
명 시간

연관어
second 초
minute 분

one hour **a day**
하루에 한 시간

※ h는 발음되지 않음

It took an hour **to finish the puzzle.**
퍼즐을 다 끝내는 데 한 시간이 걸렸다.

Check Check A

1. 깊은 강 a _____ river

2. 한 시간 동안 for an _____

3. 그것으로부터 떨어져 지내다 stay _____ from it

4. 축구하다 play _____

5. 달콤한 캔디 a sweet _____

456
★★★

may [mei]

조 ① [추측] ~일지도 모른다
② [허락] ~해도 된다

may feel blue
우울하게 느낄지 모른다

It may rain soon.
곧 비가 올지도 몰라.

457
★★☆

pick [pik]

동 ① 고르다 ② 따다

유의어
choose 선택하다
select 선택하다
decide 결정하다

pick one of them
그것들 중 하나를 고르다

Which candy would you like to pick?
어떤 사탕을 고르고 싶니?

458
★☆☆

shoe [ʃuː]

명 신발

연관어
boots 목이 긴 신발
sneakers 운동화
slippers 슬리퍼

like the red shoes
그 빨간 신발이 마음에 든다

※ 주로 복수(shoes)로 사용됨

She's going to wear her new shoes tonight.
그녀는 오늘 밤에 그녀의 새 신발을 신을 것이다.

459
★★☆

textbook [tékstbuk]

명 교과서

연관어
book 책
notebook 노트, 공책

read the textbook many times
교과서를 여러 번 읽다

I forgot to bring my math textbook today.
나는 오늘 수학 교과서를 갖고 오는 걸 깜빡했다.

460
★★★

weight [weit]

명 ① 체중 ② 무게

숙어
gain weight 살이 찌다
lose weight 살을 빼다

동 weigh 무게가 ~이다

how to lose weight
체중을 줄이는 방법

He is trying to lose weight.
그는 체중을 줄이려고 노력 중이다.

> **Check Check B**

1. 체중이 늘다 gain _____

2. 내 오른쪽 신발 my right _____

3. 숫자 하나를 고르다 _____ a number

4. 영어 교과서 an English _____

5. 그것을 안 좋아할지 모른다 _____ not like it

DAY 46 Review

1. 신발   s_____   6. 시간   h_____

2. ~일지도 모른다   m_____   7. 사탕, 캔디   c_____

3. 깊은, 깊이   d_____   8. 고르다, 따다   p_____

4. 체중, 무게   w_____   9. 미식축구, 축구   f_____

5. [위치] 떨어져서   a_____   10. 교과서   t_____

B. Missing Words

textbook   candy   deep   shoe   football

1.

Be careful. This well is very _____.
조심해. 이 우물은 아주 깊어.

2.

He is the world's best _____ player.
그는 세계 최고의 (미식)축구 선수이다.

3.

I forgot to bring my math _____ today.

나는 오늘 수학 교과서를 갖고 오는 걸 깜빡했다.

4.

I bought a box of _____ for my daughter.

나는 내 딸을 위해 사탕 한 박스를 샀다.

5.

She's going to wear her new _____s tonight.

그녀는 오늘 밤에 그녀의 새 신발을 신을 것이다.

C. Crossword

ACROSS

1. 체중, 무게

2. ~일지도 모른다,
   ~해도 된다

DOWN

3. [위치] 떨어져서

4. 고르다, 따다

5. 시간

Word Plus⁺

461 ★☆☆

baby [béibi]　명 ① 아기 ② (동물의) 새끼

an adorable baby
사랑스러운 아기

The baby smiled at me.
그 아기가 내게 미소 지었다.

연관어

child 어린이

adult 어른

462 ★☆☆

cap [kæp]　명 모자

a yellow cap
노란색 모자

I put on my favorite cap before heading outside.
나는 밖으로 나가기 전에 내가 제일 좋아하는 모자를 썼다.

야구 모자는 'cap', 챙이 큰 모자는 'hat'이라고 합니다.

463 ★★☆

delicious [dilíʃəs]　형 맛있는

eat something delicious
맛있는 걸 먹다

The chocolate cake was absolutely delicious.
그 초콜릿 케이크는 정말 맛있었다.

유의어

tasty 맛있는
yummy 아주 맛있는

464 ★★☆

for [fɔːr]　전 ① [시간] ~동안 ② ~을 위해

for just one week
단지 일주일 동안

I stayed at the hotel for 7 days.
나는 7일 동안 그 호텔에 머물렀다.

for와 during은 모두 '~동안'이라는 뜻입니다. 하지만 for 뒤에는 보통 숫자가 나오고, during 뒤에는 보통 기간을 나타내는 명사가 따라옵니다.

465 ★☆☆

house [haus]　명 집

my new house
나의 새로운 집

I've been living in this house for 5 years.
나는 이 집에서 5년 동안 살고 있다.

유의어

home 집(에서/으로)

Check Check A

1. 맛있는 음식 _____ food

2. 모자를 쓰다 wear a _____

3. 어린 아기 a little _____

4. 큰 집을 사다 buy a big _____

5. 내 부모님을 위해 _____ my parents

466 ★★☆

meat [miːt]   명 고기

fry the meat
고기를 튀기다

He doesn't eat meat. He is a vegetarian.
그는 고기를 먹지 않는다. 그는 채식주의자이다.

연관어
pork 돼지고기
beef 소고기
chicken 닭고기

467 ★☆☆

picture [píktʃər]   명 사진, 그림

take lots of pictures
사진을 많이 찍다

I took many pictures when I traveled to Paris.
내가 파리로 여행을 갔을 때 사진을 많이 찍었다.

유의어
painting 그림
photo 사진

숙어
take pictures 사진을 찍다

468 ★☆☆

shop [ʃap]   명 가게
동 물건을 사다

own a shop
가게를 갖고 있다

There is a flower shop in this town.
이 마을에 꽃 가게가 하나 있다.

유의어
store 가게, 상점

연관어
market 시장

469 ★★★

than [ðæn]   전 ~보다   접 ~보다

shorter than me
나보다 키가 작은

My brother is taller than me.
우리 형이 나보다 키가 크다.

'than'은 두 가지를 비교하는 문장에서 사용됩니다.

470 ★★☆

welcome [wélkəm]   동 환영하다   명 환영
형 환영받는

welcome everyone
모두를 환영하다

Welcome to my house.
우리 집에 오신 걸 환영합니다.

상대방에게 환영의 뜻을 전달할 때 흔하게 쓰는 표현입니다.

Check Check B

1. 신발 가게 a shoe _____

2. 사진을 찍다 take a _____

3. 생고기 raw _____

4. 돌아온 걸 환영하다 _____ back

5. 나보다 나이가 많은 older _____ me

199

DAY 47 Review

A. Korean to English

1. 맛있는   d_____
2. 사진, 그림   p_____
3. 아기, (동물의) 새끼 b_____
4. 가게   s_____
5. 집   h_____

6. 모자   c_____
7. 고기   m_____
8. 환영하다   w_____
9. ~동안, ~을 위해 f_____
10. ~보다   t_____

B. Missing Words

than   picture   delicious   house   meat

1.

My brother is taller _____ me.
우리 형이 나보다 키가 크다.

2.

I've been living in this _____ for 5 years.
나는 이 집에서 5년 동안 살고 있다.

200

정답: 357쪽

3.

The chocolate cake was absolutely
_____.

그 초콜릿 케이크는 정말 맛있었다.

4.

He doesn't eat _____. He is a
vegetarian.

그는 고기를 먹지 않는다. 그는 채식주의자이다.

5.

I took many _____s when I traveled
to Paris.

내가 파리로 여행을 갔을 때 사진을 많이 찍었다.

C. Word Search

w	e	l	c	o	m	e
d	t	d	f	o	r	w
i	u	b	b	a	g	s
h	k	e	a	h	d	h
k	w	q	b	e	s	o
c	a	p	y	t	b	p

ACROSS

1. 환영하다, 환영: _____

2. ~동안, ~을 위해: _____

3. 모자: _____

DOWN

4. 아기, 새끼: _____

5. 가게, 물건을 사다: _____

471
★★☆

back [bæk]

부 ① 뒤로 ② 다시 돌아가서
명 ① 뒤쪽 ② 등

연관어
rear 뒤쪽
front 앞쪽

look back
뒤돌아보다

He is going back home.
그는 집으로 돌아가고 있다.

472
★☆☆

car [ka:r]

명 자동차

연관어
taxi 택시
bus 버스
motorcycle 오토바이

look at the green car
그 초록색 자동차를 보다

I'll be able to drive a car soon.
나는 곧 자동차를 운전할 수 있을 것이다.

473
★★☆

design [dizáin]

동 디자인하다, 설계하다
명 디자인, 설계

연관어
designer 디자이너

design a fancy house
환상적인 집을 디자인하다

※ g는 발음되지 않음

The architect is busy designing a new building.
그 건축가는 새 건물을 설계하느라 바쁘다.

474
★★★

forest [fɔ́:rist]

명 숲

유의어
woods 숲

연관어
jungle 밀림, 정글

love walking in a forest
숲에서 걷는 걸 좋아하다

I'm going to the forest to get some fresh air.
나는 신선한 공기를 마시기 위해 숲으로 가고 있다.

475
★☆☆

how [hau]

부 ① 어떻게 ② 얼마나

연관어
what 무엇, 무슨
where 어디에
when 언제
who 누구
why 왜

how much money
얼마나 많은 돈을

I don't know how to fix it.
나는 그것을 어떻게 고쳐야 할지 모르겠어.

Check Check A

1. 숲에 머물다 stay in the _____

2. 새 차를 구입하다 buy a new _____

3. 그것을 어떻게 사용해야 할지 _____ to use it

4. 종이의 뒤쪽 the _____ of the paper

5. 그 가구를 디자인하다 _____ the furniture

476 ★★☆

medal [médl] 　명 메달

hope to get a medal
메달을 받기를 희망하다

She won a silver medal in the competition.
그녀는 그 대회에서 은메달을 받았다.

연관어

gold medal 금메달
silver medal 은메달
bronze medal 동메달

477 ★☆☆

pig [pig] 　명 돼지

a pig pen
돼지우리

My uncle has many pigs on his farm.
우리 삼촌은 농장에 많은 돼지를 갖고 계신다.

아기 돼지는 piglet이라고
합니다.

478 ★★☆

short [ʃɔːrt] 　형 ① 짧은 ② 키가 작은

the short one
그 짧은 것

The second line is short.
두 번째 선은 짧다.

반의어

long (길이가) 긴
tall 키가 큰

479 ★★☆

thank [θæŋk] 　동 감사하다, 고마워하다

Thanks.
고마워.

Thank you for listening.
들어 주셔서 감사합니다.

'고마워'라고 말할 때
"Thanks."라고 짧게 줄여
쓸 수도 있습니다.

480 ★☆☆

well [wel] 　부 ① 잘 ② 좋게
　　　　　　　 형 ① 건강한 ② 좋은 명 우물

can do it well
그것을 잘 할 수 있다

The girl plays the violin very well.
그 여자아이는 바이올린을 아주 잘 연주한다.

well은 감탄사로서 '음…',
'글쎄…' 등의 뜻으로 사용
되기도 합니다.

Check Check B

1. 돼지 농장 a _____ farm

2. 짧은 다리 a _____ bridge

3. 금메달 a gold _____

4. 영어를 잘 말하다 speak English _____

5. 그에게 감사드리고 싶다 want to _____ him

DAY 48 Review

A. Korean to English

1. 짧은, 키가 작은   s_____
2. 뒤로   b_____
3. 감사하다   t_____
4. 숲   f_____
5. 메달   m_____

6. 디자인하다   d_____
7. 잘, 좋게, 우물   w_____
8. 어떻게, 얼마나   h_____
9. 자동차   c_____
10. 돼지   p_____

B. Missing Words

| pig | forest | car | how | well |

1.

I don't know _____ to fix it.
나는 그것을 어떻게 고쳐야 할지 모르겠어.

2.

I'll be able to drive a _____ soon.
나는 곧 자동차를 운전할 수 있을 것이다.

3.

The girl plays the violin very _____.

그 여자아이는 바이올린을 아주 잘 연주한다.

4.

My uncle has many _____s on his farm.

우리 삼촌은 그의 농장에 많은 돼지를 갖고 계신다.

5.

I'm going to the _____ to get some fresh air.

나는 신선한 공기를 마시기 위해 숲으로 가고 있다.

C. Unscramble

	단어	뜻
1. <u>c</u> <u>a</u> <u>b</u> <u>k</u>	b ☐ ☐ ☐	_____
2. <u>r</u> <u>o</u> <u>t</u> <u>s</u> <u>h</u>	s ☐ ☐ ☐ ☐	_____
3. <u>n</u> <u>a</u> <u>k</u> <u>t</u> <u>h</u>	t ☐ ☐ ☐ ☐	_____
4. <u>d</u> <u>e</u> <u>l</u> <u>a</u> <u>m</u>	m ☐ ☐ ☐ ☐	_____
5. <u>s</u> <u>e</u> <u>g</u> <u>n</u> <u>i</u> <u>d</u>	d ☐ ☐ ☐ ☐ ☐	_____

Word Plus⁺

481 ★☆☆

bad [bæd]　　형 나쁜, 안 좋은

feel bad
기분이 안 좋다

I stayed home because of the bad weather.
나는 안 좋은 날씨 때문에 집에 있었다.

유의어

poor 좋지 못한
awful 끔찍한
terrible 끔찍한

482 ★☆☆

card [ka:rd]　　명 ① 카드, 카드 게임 ② 명함

a pack of cards
카드 한 팩

This is my favorite card game.
이건 내가 제일 좋아하는 카드 게임이다.

연관어

membership card
회원 카드
library card
도서관 카드
birthday card
생일축하 카드

483 ★★☆

desk [desk]　　명 책상

a book on the desk
책상 위에 있는 책

I usually study at my desk in the evening.
나는 저녁때 보통 책상에서 공부한다.

연관어

chair 의자
drawer 서랍

484 ★★☆

forget [fərgét]　　동 잊다

never forget
절대 잊지 않다

Did you already forget about it?
너는 벌써 그것에 대해 잊었니?

불규칙동사

(현재) forget
(과거) forgot
(과거분사) forgot
(forgotten)

485 ★★★

however [hauévər]　　부 그러나, 하지만

However, he failed it.
하지만 그는 실패했다.

I studied hard for the exam. However, I got an F.
나는 시험을 위해 열심히 공부했다. 하지만 F를 받았다.

유의어

but 그러나

연관어

therefore 그러므로
for example 예를 들어

Check Check A

1. 사무실 책상 an office _____

2. 나쁜 사람을 만나다 meet a _____ guy

3. 어떤 것들을 쉽게 잊다 _____ things easliy

4. 도서관 카드 a library _____

5. 하지만, 나는 괜찮다. _____, I'm fine.

486
★☆☆

meet [mi:t]   동 만나다

meet **him every day**
그를 매일 만나다

We often meet **in the library.**
우리는 종종 도서관에서 만난다.

유의어

get together 모이다
(만나다)

불규칙동사

(현재) meet
(과거) met
(과거분사) met

487
★★☆

pilot [páilət]   명 조종사

want to be a pilot
조종사가 되고 싶다

My father is a pilot.
우리 아버지는 조종사이시다.

연관어

captain (항공기) 기장

passenger 승객

488
★★☆

should [ʃud]   조 ~해야 한다

should **do your best**
(너는) 최선을 다해야 한다

I should **finish my homework today.**
나는 오늘 내 숙제를 끝내야 한다.

have to와 must는 '~해야 한다'라는 뜻의 '의무'를 나타내는 조동사이며, should보다 조금 더 강한 의미를 갖고 있습니다.

489
★★☆

that [ðæt]   한 저
대 ① 저 사람 ② 저것

that **person**
저 사람

That**'s my sister, Lucy.**
저 애가 내 여동생 Lucy이다.

연관어

this 이것
these 이것들
those 저것들

490
★☆☆

west [west]   명 서쪽   형 서쪽의
부 서쪽으로

go west
서쪽으로 가다

The sun sets in the west.
태양은 서쪽에서 진다.

연관어

east 동쪽(의)
south 남쪽(의)
north 북쪽(의)

Check Check B

1. 저 나무 _____ tree

2. 머물러야만 한다 _____ stay

3. 동쪽과 서쪽 east and _____

4. 조종사가 되다 become a _____

5. 마침내 그를 만나다 finally _____ him

DAY 49 Review

1. 서쪽, 서쪽의   w_____   6. 조종사   p_____

2. 책상   d_____   7. 나쁜, 안 좋은   b_____

3. 만나다   m_____   8. 그러나, 하지만   h_____

4. 카드, 명함   c_____   9. ~해야 한다   s_____

5. 저, 저 사람   t_____   10. 잊다   f_____

| should | however | forget | bad | card |

1.

Did you already _____ about it?

너는 벌써 그것에 대해 잊었니?

2.

This is my favorite _____ game.

이건 내가 제일 좋아하는 카드 게임이다.

3.

I _____ finish my homework today.

나는 오늘 내 숙제를 끝내야 한다.

4.

I stayed home because of the _____ weather.

나는 안 좋은 날씨 때문에 집에 있었다.

5.

I studied hard for the exam. _____, I got an F.

나는 시험을 위해 열심히 공부했다. 하지만 F를 받았다.

C. Crossword

4

|1| | | |

5

2

3

ACROSS

1. 책상

2. 서쪽, 서쪽의, 서쪽으로

3. 저, 저 사람, 저것

DOWN

4. 조종사

5. 만나다

491 ★★☆

badminton [bǽdmintn]　명 배드민턴

a badminton court
배드민턴장

We played badminton in the park.
우리는 공원에서 배드민턴을 쳤다.

연관어

tennis 테니스
soccer 축구
baseball 야구
basketball 농구

492 ★★★

care [kɛər]
명 ① 돌봄 ② 조심
동 ① 돌보다 ② 상관하다

care for each other
서로를 돌보다(챙기다)

I have to take care of this cat for a week.
나는 일주일 동안 이 고양이를 돌봐야 한다.

숙어

take care of
~을 돌보다

493 ★★☆

dialogue/dialog [dáiəlɔːg]　명 대화

listen to the dialogue
대화를 듣다

I read a dialogue between two people.
나는 두 사람 사이의 대화를 읽었다.

A: What's your name?
B: My name is Peter.
A: Where are you from?
B: I'm from Canada.

유의어

conversation 대화

연관어

communication
의사소통

494 ★★☆

fork [fɔːrk]　명 포크

eat spaghetti with a fork
포크로 스파게티를 먹다

In Korea, we rarely use forks.
한국에서 우리는 포크를 거의 사용하지 않는다.

연관어

spoon 숟가락
knife 칼
chopsticks 젓가락

495 ★☆☆

human [hjúːmən]
명 인간(=human being)
형 인간의

protect human life
인간의 삶을 보호하다

We are all human beings.
우리는 모두 인간이다.

연관어

person 사람
man 남자
woman 여자

Check Check A

1. 짧은 대화 a short _____

2. 인간의 신체 the _____ body

3. 상관하지 않다 don't _____

4. 배드민턴 선수 a _____ player

5. 포크가 필요하다 need a _____

496 ★★☆

member [mémbər] 명 구성원, 멤버

a few members
몇 명의 구성원

Every member of the team had a specific role.
팀의 모든 멤버가 구체적인 역할을 갖고 있었다.

연관어
membership
회원 자격

---

497 ★☆☆

pink [piŋk]
명 분홍색, 핑크색
형 분홍색의, 핑크색의

prefer pink
핑크색을 선호하다

Why don't you use this pink crayon?
이 핑크색 크레용을 사용하는 게 어때?

연관어
yellow 노란색(의)
red 빨간색(의)
white 흰색(의)

---

498 ★★☆

show [ʃou]
동 보여 주다
명 공연물

show it to me
그것을 내게 보여 주다

I went to the theater to see the show.
나는 그 공연을 보기 위해 공연장에 갔다.

유의어
performance 공연

연관어
exhibition 전시

---

499 ★★☆

the [ðə]/[ðíː] 관 그

the title of the book
그 책의 제목

I've already read the book.
나는 이미 그 책을 읽어 봤어.

'the'는 정관사로 앞에서 이미 언급된 명사를 다시 이야기할 때 주로 사용합니다.

---

500 ★★☆

wet [wet] 형 젖은

dry wet hair
젖은 머리를 말리다

It rained a lot, and he got wet.
비가 많이 왔고 그는 다 젖었다.

반의어
dry 마른, 말리다

Check Check B

1. 젖은 우산 a _____ umbrella

2. 정답을 보여 주다 _____ the answer

3. 핑크색 꽃 a _____ flower

4. 최고의 멤버 the best _____

5. 그 강아지를 보다 look at _____ puppy

DAY 50 Review

A. Korean to English

1. 분홍색, 핑크색   p_____   6. 〔관사〕그   t_____

2. 포크   f_____   7. 배드민턴   b_____

3. 젖은   w_____   8. 인간, 인간의   h_____

4. 돌봄, 조심, 돌보다   c_____   9. 보여 주다, 공연물   s_____

5. 구성원, 멤버   m_____   10. 대화   d_____

B. Missing Words

| badminton | member | human | the | dialogue |

1.

We are all _____ beings.
우리는 모두 인간이다.

2.

I've already read _____ book.
나는 이미 그 책을 읽어 봤어.

212

3.

We played _____ in the park.

우리는 공원에서 배드민턴을 쳤다.

4.

I read a _____ between two people.

두 사람 사이의 대화를 읽었다.

5.

Every _____ of the team had a specific role.

팀의 모든 멤버가 구체적인 역할을 갖고 있었다.

C. Word Search

p	t	h	x	i	b	c
i	s	h	o	w	x	a
n	q	f	o	r	k	r
k	x	w	e	t	m	e
t	o	x	v	f	w	i
t	p	w	t	b	q	c

ACROSS

1. 보여 주다, 공연물: _____

2. 포크: _____

3. 젖은: _____

DOWN

4. 분홍색, 핑크색: _____

5. 돌봄, 조심, 돌보다: _____

Word Plus⁺

501 ★☆☆

bag [bæg] 명 가방

an old bag
낡은 가방

I bought her a new bag.
나는 그녀에게 새 가방을 사 주었다.

'bag'은 모든 종류의 가방을 뜻하는 말이고, 책가방과 같이 등에 메는 가방은 'backpack'이라고 합니다.

---

502 ★★☆

carrot [kǽrət] 명 당근

a fresh carrot
신선한 당근

You need carrots to make a salad.
너는 샐러드를 만들기 위해 당근이 필요하다.

연관어

radish 무
lettuce 상추
cucumber 오이

---

503 ★★☆

die [dai] 동 죽다

die suddenly
갑자기 죽다

My dog died last week.
나의 개가 지난주에 죽었다.

유의어

pass away
죽다, 돌아가시다

---

504 ★★★

form [fɔːrm] 명 ① 서식(양식) ② 형태
동 형성하다, (조직을) 만들다

fill in the form
양식에 기입하다

This is an application form.
이것이 신청 서류입니다.

연관어

fill in ~을 작성하다, ~에 기입하다

---

505 ★★☆

hundred [hʌ́ndrəd] 명 100, 백
형 백 개의, 백 명의

a hundred percent sure
100% 확신하는

He got a hundred on the exam.
그는 시험에서 100점을 받았다.

연관어

thousand 천
million 백만

숙어

hundreds of 수백의 ~

Check Check A

1. 2백 명의 사람들 two _____ people

2. 그 사고에서 죽다 _____ in the accident

3. 당근 하나를 사다 buy a _____

4. 내 가방을 찾았다 found my _____

5. 이 양식을 작성하다 fill in this _____

506
★★☆

memory [méməri] 명 기억, 추억

have a good/bad memory
기억력이 좋다/나쁘다

I will share my childhood memories.
내가 내 어린 시절 기억을 공유해 줄게.

동 memorize
기억하다

형 memorable
기억할 만한

507
★☆☆

pizza [pí:tsə] 명 피자

a slice of pizza
피자 한 조각

Pizza is my favorite food.
피자는 내가 가장 좋아하는 음식이다.

연관어

hamburger 햄버거
French fries 감자튀김
spaghetti 스파게티

508
★★☆

shy [ʃai] 형 수줍어하는

a shy girl
수줍은 소녀

I think she is always shy.
나는 그녀가 언제나 수줍어한다고 생각해.

반의어

outgoing 외향적인
active 활동적인

509
★★☆

there [ðɛər] 부 저기에, 그곳에

uncle's house

here and there 여기저기에
I went to my uncle's house and
stayed there for a week.
나는 삼촌의 집에 가서 일주일 동안 거기에 머물렀다.

'there'가 be동사와 쓰이면 '~이 있다'로 해석합니다.

예 There is a pen on the table. 테이블 위에 펜이 하나 있다.

510
★★☆

what [wɑ:t] 대 무엇
형 무슨, 어떤, 몇

What kind of ~?
어떤 종류의 ~?

What song is she singing?
그녀가 무슨 노래를 부르고 있니?

'어떤'의 뜻으로 사용할 경우, 선택의 폭이 넓을 때는 'what'을, 선택의 폭이 좁을 때는 'which'를 사용하여 질문합니다.

Check Check B

1. 그곳에 가다 go _____

2. 페퍼로니 피자 a pepperoni _____

3. 춤추기가 너무 부끄러운 too _____ to dance

4. 기억 상실 loss of _____

5. 무슨 종류의 옷 _____ kind of clothes

215

DAY 51 Review

A. Korean to English

1. 100, 백   h_____

2. 저기에, 그곳에   t_____

3. 서식(양식), 형태   f_____

4. 피자   P_____

5. 당근   c_____

6. 수줍어하는   s_____

7. 죽다   d_____

8. 기억, 추억   m_____

9. 가방   b_____

10. 무엇, 무슨, 어떤   w_____

B. Missing Words

| pizza | hundred | form | shy | bag |

1.

This is an application _____.

이것이 신청 서류입니다.

2.

I bought her a new _____.

나는 그녀에게 새 가방을 사 주었다.

3.  _____ is my favorite food.

피자는 내가 가장 좋아하는 음식이다.

4. He got a _____ on the exam.

그는 시험에서 100점을 받았다.

5. I think she is always _____.

나는 그녀가 언제나 수줍어한다고 생각해.

C. Unscramble

	단어	뜻
1. <u>i d e</u>	d ☐ ☐	_____
2. <u>t w a h</u>	w ☐ ☐ ☐	_____
3. <u>t e r e h</u>	t ☐ ☐ ☐	_____
4. <u>t a r c o r</u>	c ☐ ☐ ☐ ☐ ☐	_____
5. <u>m y r e m o</u>	m ☐ ☐ ☐ ☐ ☐	_____

Word Plus⁺

511
★★☆

bake [beik]

동 (빵, 과자를) 굽다

bake **bread in an oven**
오븐에 빵을 굽다

I'm going to bake **some cookies.**
내가 쿠키를 조금 구울게.

연관어
baker 제빵사
bakery 빵집

512
★★☆

carry [kǽri]

동 ① ~을 들고 있다 ② ~을 나르다

carry **a suitcase**
여행용 가방을 들고 있다

She is carrying **a small box.**
그녀는 작은 상자를 하나 들고 있다.

숙어
carry on 계속하다
carry out 수행하다

513
★★★

difficult [dífikʌlt] 형 어려운

a difficult **question**
어려운 문제

I can't solve these difficult **problems.**
나는 이 어려운 문제들을 풀 수 없다.

유의어
hard 어려운

반의어
easy 쉬운

514
★☆☆

four [fɔːr]

명 4, 넷

a four-**year-old boy**
4살 된 소년

Four **is her favorite number.**
나는 그녀가 가장 좋아하는 숫자이다.

연관어
fourteen 14
forty 40

515
★★☆

hunt [hʌnt]

동 사냥하다 명 사냥

hunt **wild animals**
야생동물을 사냥하다

He always hunts **alone.**
그는 언제나 혼자 사냥한다.

연관어
hunter 사냥꾼

Check Check A

1. 풀기 어려운 _____ to solve

2. 4명의 아이들 _____ children

3. 케이크를 굽다 _____ a cake

4. 밤에 사냥하다 _____ at night

5. 그의 가방을 나르다 _____ his bag

516 ★★☆

middle [mídl] 명 가운데 형 가운데(중간)의

the middle one
가운데 있는 것

My ball is in the middle.
내 공은 중간에 있다.

유의어
center 중앙, 중심

연관어
side 옆

517 ★☆☆

place [pleis] 명 장소 동 놓다

a good place
좋은 곳

I know a great place in this town.
내가 이 마을에서 좋은 장소를 알고 있어.

연관어
spot 자리
area 지역, 부분

518 ★★☆

sick [sik] 형 아픈

a sick person
아픈 사람

I'm sad because my mom is sick.
우리 엄마가 아프셔서 나는 슬퍼.

유의어
ill 아픈

반의어
healthy 건강한

519 ★☆☆

they [ðei] 대 그들, 그것들

know who they are
그들이 누구인지 안다

They are my lovely parents.
그들은 내 사랑스러운 부모님이시다.

연관어
their 그들의
them 그들을
theirs 그들의 것

520 ★★☆

when [wen] 부 언제 접 ~할 때

when I was young
내가 어렸을 때

When is your birthday?
네 생일이 언제야?

연관어
while ~동안
until ~까지

Check Check B

1. 중학교 a _____ school

2. 아픈 아이 a _____ child

3. 비가 올 때 _____ it rains

4. 그들이 누구인지 who _____ are

5. 그 장소를 방문하다 visit the _____

219

DAY 52 Review

1. 사냥하다   h_____   6. 아픈   s_____

2. 그들, 그것들   t_____   7. (빵, 과자를) 굽다   b_____

3. ~을 들고 있다   c_____   8. 가운데   m_____

4. 4, 넷   f_____   9. 언제, ~할 때   w_____

5. 장소   p_____   10. 어려운   d_____

B. Missing Words

difficult   they   middle   sick   place

1.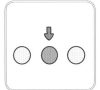

My ball is in the _____.
내 공은 중간에 있다.

2.

_____ are my lovely parents.
그들은 내 사랑스러운 부모님이시다.

220

3.

I know a great _____ in this town.

내가 이 마을에서 좋은 장소를 알고 있어.

4.

I can't solve these _____ problems.

나는 이 어려운 문제들을 풀 수 없다.

5.

I'm sad because my mom is _____.

우리 엄마가 아프셔서 나는 슬퍼.

C. Crossword

ACROSS

1. 사냥하다, 사냥

2. (빵, 과자를) 굽다

3. 4, 넷

DOWN

4. 언제, ~할 때

5. ~을 들고 있다,

　~을 나르다

Word Plus⁺

521
★☆☆

ball [bɔːl]　명 공

play with a ball
공을 갖고 놀다

We can play with this ball at the beach.
우리가 해변에서 이 공을 가지고 놀 수 있어.

연관어

baseball 야구
basketball 농구

522
★★☆

case [keis]　명 ① 상자 ② 사례, 경우

a pencil case
필통

Put your pencils and eraser in this case.
이 상자에 네 연필과 지우개를 넣어.

유의어

example 예시
instance 사례

523
★★☆

dinner [dínər]　명 저녁 식사

have dinner
저녁을 먹다

Thank you for the delicious dinner.
맛있는 저녁 식사에 감사드려요.

연관어

breakfast 아침 식사
lunch 점심 식사

524
★☆☆

fox [faks]　명 여우

a wild fox
야생 여우

The fox looks really cute.
그 여우가 정말 귀여워 보여.

연관어

wolf 늑대
deer 사슴

525
★★☆

hurry [hə́ːri]　동 서두르다 명 서두름

Hurry up.
서둘러.

Lori didn't have time, so she had to hurry.
Lori는 시간이 없어서 서둘러야 했다.

숙어

in a hurry 서둘러, 바쁜

Check Check A

1. 이런 경우에는 in this _____

2. 저녁 식사를 준비하다 prepare _____

3. 그 공을 차다 kick the _____

4. 그 여우를 보다 look at the _____

5. 서두를 필요가 있다 need to _____

526
★★★

might [mait]

조 ① ~인 것 같다
② ~할 수도 있다

might not like it
그것을 좋아하지 않는 것 같다

He might be thirsty.
그는 갈증이 나는 것 같다.

527
★☆☆

plan [plæn]

명 계획 동 계획하다

숙어
be planning to
~할 계획이다

have a plan
계획을 갖고 있다

I checked the plans on the list.
나는 목록에 있는 계획을 확인했다.

528
★★☆

side [said]

명 쪽, 옆면

연관어
front 앞쪽
back 뒤쪽

on the left side
왼쪽에

I'm going to draw a heart on the side of the box.
나는 박스 옆면에 하트를 그릴 거야.

529
★★☆

thing [θiŋ]

명 [사물] 것, 물건

연관어
object 물건
item 물품

many things
많은 것들

I put a lot of things in the box.
나는 상자 안에 많은 것을 넣었다.

530
★★☆

where [wɛər]

부 어디에

연관어
nowhere
어디에도(~ 않다)
anywhere 어디든
everywhere 모든 곳에

Where is it?
그것은 어디에 있니?

Where is the nearest grocery store?
가장 가까운 식료품 가게가 어디인가요?

Check Check B

1. 이상한 것 a strange _____

2. 침대의 옆면 the _____ of the bed

3. 똑같은 계획 the same _____

4. 어디로 가야 할지 _____ to go

5. 화가 났을 수도 있다 _____ be angry

223

DAY 53 Review

1. 쪽, 옆면   s_____   6. 여우   f_____

2. 상자, 사례, 경우   c_____   7. [사물] 것, 물건   t_____

3. 어디에   w_____   8. ~인 것 같다   m_____

4. 계획, 계획하다   p_____   9. 공   b_____

5. 저녁 식사   d_____   10. 서두르다, 서두름 h_____

B. Missing Words

thing   might   where   hurry   dinner

1.

He _____ be thirsty.
그는 갈증이 나는 것 같다.

2.

I put a lot of _____s in the box.
나는 상자 안에 많은 것을 넣었다.

3.

Thank you for the delicious _____.

맛있는 저녁 식사에 감사드려요.

4.

_____ is the nearest grocery store?

가장 가까운 식료품 가게가 어디인가요?

5.

Lori didn't have time, so she had to _____.

Lori는 시간이 없어서 서둘러야 했다.

C. Word Search

u	i	c	u	w	z	d
j	t	s	h	f	i	q
g	b	i	c	a	s	e
f	a	d	j	f	o	x
f	l	e	p	b	s	o
p	l	a	n	c	c	i

ACROSS

1. 상자, 사례, 경우: _____

2. 여우: _____

3. 계획, 계획하다: _____

DOWN

4. 공: _____

5. 쪽, 옆면: _____

Word Plus⁺

531 ★☆☆

banana [bənǽnə] 명 바나나

a banana peel
바나나 껍질

I only had two bananas for lunch.
나는 점심으로 바나나 딱 두 개를 먹었다.

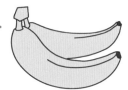

연관어
apple 사과
pear 배
peach 복숭아

532 ★★☆

cash [kæʃ] 명 현금

a lot of cash
많은 현금

How much cash do you have now?
너는 지금 현금이 얼마나 있니?

연관어
money 돈
bill 지폐
credit card 신용카드

533 ★★★

discuss [diskʌs] 동 논의하다, 상의하다

discuss the problem
그 문제에 대해 논의하다

We discussed it.
우리는 그것에 대해 논의했다.

discuss 다음에는 '~에 대하여'라는 뜻의 about을 사용하지 않습니다.
예 discuss about the problem (X)

534 ★☆☆

free [fri:] 형 ① 무료의(공짜의)
② 자유로운

be free
무료다/자유다

The bird is now free.
그 새는 이제 자유다.

명 freedom 자유

숙어
for free 공짜로, 무료로

535 ★★☆

husband [hʌzbənd] 명 남편

my husband
내 남편

Her husband is a dentist.
그녀의 남편은 치과 의사이다.

연관어
wife 아내
bride and groom
신부와 신랑
daughter 딸
son 아들

Check Check A

1. 좋은 남편 a good _____

2. 함께 논의하다 _____ it together

3. 공짜 점심 a _____ lunch

4. 초록색 바나나 a green _____

5. 현금으로 지불하다 pay in _____

536
★☆☆

milk [milk] 명 우유

bread and milk
빵과 우유

I drink a glass of milk every day.
나는 매일 우유 한 잔을 마신다.

tea 차
coffee 커피
juice 주스

537
★★☆

plastic [plǽstik] 명 플라스틱

a plastic bottle
플라스틱 병

These are made of plastic.
이것들은 플라스틱으로 만들어졌다.

연관어
recycle 재활용하다
can 캔
bottle 병
paper 종이

538
★☆☆

sing [siŋ] 동 노래하다

sing a song
노래를 부르다

Sam is singing on stage.
Sam은 무대에서 노래를 부르고 있다.

연관어
singer 가수

불규칙동사
(현재) sing
(과거) sang
(과거분사) sung

539
★★☆

think [θiŋk] 동 생각하다

think differently
다르게 생각하다

I'm thinking about it.
나는 그것에 대해 생각하고 있는 중이다.

유의어
guess 추측하다

불규칙동사
(현재) think
(과거) thought
(과거분사) thought

540
★☆☆

white [wait] 형 ① 흰 ② 백인의
명 ① 흰색 ② 백인

white letters
하얀 글씨들

Everything is white.
모든 것이 하얗다.

연관어
red 빨간(색)
blue 파란(색)
yellow 노란(색)
green 초록(색)
black 검은(색)

Check Check B

1. 그렇게 생각하다 _____ so

2. 흰 호랑이(백호) _____ tiger

3. 따뜻한 우유 warm _____

4. 함께 노래를 따라 부르다 _____ along

5. 플라스틱을 재활용하다 recycle _____

DAY 54 Review

1. 노래하다   s_____   6. 남편   h_____

2. 무료의(공짜의) f_____   7. 생각하다   t_____

3. 플라스틱   P_____   8. 바나나   b_____

4. 흰, 백인의   w_____   9. 우유   m_____

5. 현금   c_____   10. 논의하다   d_____

| white | husband | plastic | free | banana |

1.

Everything is _____.
모든 것이 하얗다.

2.

The bird is now _____.
그 새는 이제 자유다.

228

3.

Her _____ is a dentist.

그녀의 남편은 치과 의사이다.

4.

These are made of _____.

이것들은 플라스틱으로 만들어졌다.

5.

I only had two _____s for lunch.

나는 점심으로 바나나 딱 두 개를 먹었다.

	단어	뜻
1. g n i s	s ☐ ☐ ☐	_____
2. l i m k	m ☐ ☐ ☐	_____
3. s a c h	c ☐ ☐ ☐	_____
4. n i k t h	t ☐ ☐ ☐ ☐	_____
5. s i c d u s s	d ☐ ☐ ☐ ☐ ☐ ☐	_____

Word Plus⁺

541 ★★☆

bank [bæŋk]
명 은행

save money in the bank
은행에 돈을 저축하다

People use banks to keep their money safe.
사람들은 그들의 돈을 안전하게 지키기 위해 은행을 이용한다.

연관어
banker 은행원

542 ★☆☆

cat [kæt]
명 고양이

a cute cat
귀여운 고양이

The little cat is smiling.
그 작은 고양이가 웃고 있다.

연관어
kitten 새끼 고양이
dog 개
puppy 강아지

543 ★★☆

do [du:]
동 (어떤 일을) 하다

do my homework
내 숙제를 하다

She has a lot of things to do.
그녀는 할 일이 많다.

불규칙동사
(현재) do
(과거) did
(과거분사) done

544 ★★★

eleven [ilévən]
명 11, 열하나

eleven students
11명의 학생들

He is wearing jersey number eleven.
그는 11번 유니폼을 입고 있다.

연관어
ten 10
twelve 12
thirteen 13
fourteen 14

545 ★★☆

fresh [freʃ]
형 ① 신선한 ② 새로운

look fresh
신선해 보이다

The fruits and vegetables are fresh.
과일과 채소가 신선하다.

유의어
new 새로운

반의어
old 오래된
spoiled 상한

Check Check A

1. 커다란 고양이 a big _____

2. 설거지를 하다 _____ the dishes

3. 11살 된 _____ years old

4. 근처에 있는 은행 a _____ nearby

5. 신선한 과일을 먹다 eat _____ fruits

546 ★★★

mind [maind]

명 마음, 정신 동 꺼리다

thought 생각

in his mind
그의 마음속에

I have so many ideas in my mind.
나는 내 마음속에 아주 많은 아이디어를 갖고 있다.

---

547 ★☆☆

play [plei]

동 ① 경기하다 ② 연주하다 ③ 놀다
명 ① 놀이 ② 연극

play는 주로 「play+운동」,
「play+악기」로 쓰이며
'(운동, 악기, 게임 등)을 하
다'로 해석합니다.

like to play **sports**
운동 경기하는 것을 좋아하다

We often play **basketball after school.**
우리는 방과 후에 종종 농구를 한다.

---

548 ★☆☆

sister [sistər]

명 자매, 여자 형제

brother 남자 형제
sibling 형제, 자매

my younger sister
내 여동생

Cindy has an older sister.
Cindy에게는 언니가 있다.

---

549 ★★☆

third [θəːrd]

형 세 번째의 명 세 번째

first 첫 번째(의)
second 두 번째(의)

win third **place**
3등 상을 받다

He was the third **guest to arrive.**
그가 세 번째로 도착한 손님이었다.

---

550 ★☆☆

who [huː]

대 누구

whose 누구의 (것)
whom 누구를

Who **is he?**
그는 누구지?

Who **is the man sitting under the tree?**
나무 아래에 앉아 있는 저 남자는 누구니?

Check Check B

1. 이걸 누가 먹었지? _____ ate this?

2. 피아노를 연주하다 _____ the piano

3. 세 번째 사람 the _____ person

4. 내 사랑스러운 여동생 my lovely _____

5. 전혀 꺼리지 않는다 don't _____ at all

231

DAY 55 Review

A. Korean to English

1. 11, 열하나   e_____
2. (어떤 일을) 하다   d_____
3. 세 번째의   t_____
4. 고양이   c_____
5. 경기하다   P_____

6. 은행   b_____
7. 자매, 여자 형제   s_____
8. 마음, 정신, 꺼리다   m_____
9. 누구   w_____
10. 신선한, 새로운   f_____

B. Missing Words

| eleven | sister | bank | who | do |

1.
Cindy has an older _____.
Cindy에게는 언니가 있다.

2.
She has a lot of things to _____.
그녀는 할 일이 많다.

232

3.  _____ is the man sitting under the tree?

나무 아래에 앉아 있는 저 남자는 누구니?

4.  He is wearing jersey number _____.

그는 11번 유니폼을 입고 있다.

5. People use _____s to keep their money safe.

사람들은 그들의 돈을 안전하게 지키기 위해 은행을 이용한다.

C. Crossword

4

5

2

3

1

ACROSS

1. 경기하다, 연주하다, 놀다

2. 세 번째의, 세 번째

3. 신선한, 새로운

DOWN

4. 고양이

5. 마음, 정신, 꺼리다

Word Plus⁺

551
★★☆

base [beis] 명 ① 맨 아랫부분 ② 기초

유의어
bottom 맨 아랫부분

the base of the pyramid
피라미드의 맨 아랫부분

You should build a strong base to succeed.
너는 성공하려면 강력한 기초를 만들어야 한다.

552
★★☆

catch [kætʃ] 동 잡다

불규칙동사
(현재) catch
(과거) caught
(과거분사) caught

catch with bare hands
맨손으로 잡다

Don't worry. I will catch the ball.
걱정하지 마. 내가 공을 잡을게.

553
★☆☆

doctor [dáktər] 명 ① 의사 ② 박사

연관어
lawyer 변호사
judge 판사

see a doctor
진찰을 받다

Mr. Clark is a famous doctor.
Clark 씨는 유명한 의사이다.

554
★★☆

friend [frend] 명 친구

유의어
buddy 친구
pal 친구

a close friend
친한 친구

He is my best friend.
그는 내 최고의 친구이다.

555
★☆☆

ice [ais] 명 얼음

연관어
ice cream 아이스크림

an ice cube
얼음덩이

The ice is melting because of the hot weather.
뜨거운 날씨 탓에 얼음이 녹고 있어.

Check Check A

1. 의사가 되다 become a _____

2. 많은 파리를 잡다 _____ many flies

3. 내 친구에게 물어보다 ask my _____

4. 얼음을 조금 더 얻다 get more _____

5. 절벽의 아랫부분 the _____ of the cliff

556
★★☆

miss [mis]

동 ① 그리워하다 ② 놓치다
명 미혼 여성

really miss them
그들을 몹시 그리워하다

I miss my old friends so much.
나는 내 오랜 친구들이 아주 많이 그립다.

557
★★☆

please [pli:z]

감 제발, 부디
동 기쁘게 하다

형 pleased 기쁜
형 pleasing
　　기쁘게 하는

Yes, please.
네, 그래 주세요.

Can you help me, please?
제발 저를 도와주실 수 있나요?

558
★☆☆

six [siks]

명 6, 여섯

연관어

sixteen 16
sixty 60

buy six apples
여섯 개의 사과를 사다

I can share my six apples with you guys.
나는 너희들과 내 사과 여섯 개를 나눠 먹을 수 있어.

559
★★★

thirsty [θə́ːrsti]

형 목이 마른, 갈증이 나는

명 thirst 갈증

hungry and thirsty
배고프고 목이 마른

Sam was thirsty, so he drank a lot of water.
Sam은 갈증이 나서 많은 물을 마셨다.

560
★★☆

why [wai]

부 왜

연관어

because 왜냐하면

Why?
왜?

Why did you come so late?
너 왜 그렇게 늦게 온 거야?

Check Check B

1. 매우 갈증이 나는 very _____
2. 피자 여섯 조각 _____ slices of pizza
3. 버스를 놓치다 _____ the bus
4. 제발 그것을 해 주세요. Do it, _____.
5. 그에게 왜 그런지 말하다 tell him _____

235

DAY 56 Review

A. Korean to English

1. 제발, 부디   p_____   6. 6, 여섯   s_____

2. 친구   f_____   7. 의사, 박사   d_____

3. 목이 마른   t_____   8. 얼음   i_____

4. 잡다   c_____   9. 왜   w_____

5. 그리워하다   m_____   10. 맨 아랫부분   b_____

B. Missing Words

please   catch   doctor   friend   thirsty

1.

He is my best _____.
그는 내 최고의 친구이다.

2.

Can you help me, _____?
제발 저를 도와주실 수 있나요?

3.

Mr. Clark is a famous _____.

Clark 씨는 유명한 의사이다.

4.

Don't worry. I will _____ the ball.

걱정하지 마. 내가 공을 잡을게.

5.

Sam was _____, so he drank a lot of water.

Sam은 갈증이 나서 많은 물을 마셨다.

C. Word Search

j	m	t	q	v	v	o
u	i	f	c	r	a	e
b	s	n	r	k	y	s
a	s	q	i	c	e	i
s	l	l	d	e	s	x
e	b	u	w	h	y	m

ACROSS

1. 얼음: _____

2. 왜: _____

DOWN

3. 맨 아랫부분, 기초: _____

4. 그리워하다: _____

5. 6, 여섯: _____

Word Plus⁺

561 ★★☆

baseball [béisbɔ̀ːl] 명 ① 야구 ② 야구공

연관어
bat 야구방망이
glove 장갑, 글러브

a baseball player
야구 선수

We are going to play baseball today.
우리는 오늘 야구를 할 것이다.

562 ★★☆

center [séntər] 명 중심, 중앙, 가운데

유의어
middle 중앙

형 central 중심의,
가장 중요한

the center of the universe
우주의 중심

There is a yellow flag in the center of the circle.
그 원의 중심에 노란색 깃발이 놓여 있다.

563 ★☆☆

dog [dɔːg] 명 개

연관어
bark (개가) 짖다
puppy 강아지

숙어
walk a dog
개를 산책시키다

a small dog
작은 개

The little dog is wagging its tail.
그 작은 개가 꼬리를 흔들고 있다.

564 ★★☆

from [frəm] 전 ~로부터, ~에서

숙어
from A to B
A부터 B까지

come from Busan
부산에서 오다

The letter was sent from Jenny to Peter.
그 편지는 Jenny로부터 Peter에게 보내졌다.

565 ★★☆

idea [aidíːə] 명 생각, 아이디어

연관어
concept 개념

have a good idea
좋은 생각이 떠오르다

He got a brilliant idea.
그에게 아주 훌륭한 생각이 떠올랐다.

Check Check A

1. 내 친구로부터 _____ my friend

2. 함께 야구를 하다 play _____ together

3. 멋진 생각 a brilliant _____

4. 그 방의 가운데 the _____ of the room

5. 커다란 개를 갖고 있다 have a big _____

Word Plus+

566 ★★☆

model [mádl] 명 ① 모델 ② 모형

a fashion model
패션 모델

She is a world-famous model.
그녀는 세계적으로 유명한 모델이다.

연관어
a male model
남성 모델
a female model
여성 모델

---

567 ★★☆

point [point] 동 가리키다 명 요점, 주요 의견

point at me
나를 가리키다

The boy is pointing at a little circle.
소년은 작은 원을 가리키고 있다.

숙어
point at ~을 가리키다

---

568 ★☆☆

sit [sit] 동 앉다

sit on a chair
의자에 앉다

She wants to buy a chair to sit on.
그녀는 앉을 의자를 사고 싶어 한다.

불규칙동사
(현재) sit
(과거) sat
(과거분사) sat

---

569 ★★★

thirteen [θə̀:rtíːn] 명 13, 열셋

for thirteen days
13일 동안

There are thirteen marbles in the sack.
자루 안에는 13개의 구슬이 들어 있다.

연관어
three 3
thirty 30

---

570 ★★☆

wife [waif] 명 아내, 와이프

a beautiful wife
아름다운 아내

She is my lovely wife.
그녀는 내 사랑스러운 아내이다.

연관어
husband 남편
marry 결혼하다

Check Check B

1. 13일 동안 for _____ days

2. Bob의 아내 Bob's _____

3. 모델이 되다 become a _____

4. 바닥에 앉다 _____ on the floor

5. 테이블을 가리키다 _____ at the table

DAY 57 Review

A. Korean to English

1. 가리키다, 요점   p_____
2. ~로부터, ~에서   f_____
3. 13, 열셋   t_____
4. 앉다   s_____
5. 중심, 가운데   c_____

6. 생각, 아이디어   i_____
7. 아내, 와이프   w_____
8. 야구, 야구공   b_____
9. 모델, 모형   m_____
10. 개   d_____

B. Missing Words

sit   dog   baseball   thirteen   idea

1.

He got a brilliant _____.
그에게 아주 훌륭한 생각이 떠올랐다.

2.

The little _____ is wagging its tail.
그 작은 개가 꼬리를 흔들고 있다.

3.

There are _____ marbles in the sack.

자루 안에는 13개의 구슬이 들어 있다.

4.

She wants to buy a chair to _____ on.

그녀는 앉을 의자를 사고 싶어 한다.

5.

We are going to play _____ today.

우리는 오늘 야구를 할 것이다.

C. Unscramble

	단어	뜻
1. <u>f i e w</u>	w ☐ ☐ ☐	_____
2. <u>r o f m</u>	f ☐ ☐ ☐	_____
3. <u>n o t i p</u>	P ☐ ☐ ☐ ☐	_____
4. <u>m e l o d</u>	m ☐ ☐ ☐ ☐	_____
5. <u>t e r n e c</u>	c ☐ ☐ ☐ ☐ ☐	_____

Word Plus⁺

571
★★☆

basket [bǽskit] 명 바구니

연관어

basketball 농구

a picnic basket
소풍용 바구니

I made this basket on my own.
내가 이 바구니를 직접 만들었어.

572
★★★

certain [sə́:rtn] 형 ① 확실한 ② 어떤

유의어

sure 확신하는
clear 분명한

certain about it
그것에 대해 확신하는

It is certain that she is Sarah.
그녀는 Sarah임이 확실하다.

573
★☆☆

doll [dal] 명 인형

연관어

toy 장난감
teddy bear 곰 인형

buy a doll
인형을 사다

These dolls look alive.
이 인형들은 살아 있는 것처럼 보인다.

574
★★☆

front [frʌnt] 명 (사물의) 앞면, 앞쪽
형 앞쪽의, 정면의

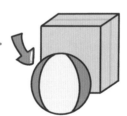

숙어

in front of ~의 앞에

in front of it
그것의 앞쪽에

There is a ball in front of the box.
상자 앞에 공이 하나 있다.

575
★★☆

if [if] 접 ① 만약 ~라면
② ~인지 아닌지(=whether)

연관어

when ~할 때
although
비록 ~일지라도

if so
만약 그렇게 한다면

If I were you, I would go this way.
만약 내가 너라면, 나는 이쪽 길로 갈 거야.

Check Check A

1. 확신을 느끼다 feel _____

2. 내 앞에 in _____ of me

3. 내가 가장 좋아하는 인형 my favorite _____

4. 쇼핑 바구니 a shopping _____

5. 만약 그게 사실이라면 _____ it's true

Word Plus⁺

576 ★☆☆

money [mʌni] 명 돈

earn money
돈을 벌다

I will make a lot of money.
나는 돈을 많이 벌 것이다.

연관어
cash 현금
bill 지폐
coin 동전

577 ★★☆

police [pəlíːs] 명 경찰

call the police
경찰에 신고하다

My mom is a police **officer.**
우리 엄마는 경찰관이시다.

연관어
detective 형사
criminal 범인
police officer 경찰관

578 ★★☆

size [saiz] 명 크기, 사이즈

a different size
다른 사이즈

They have this shirt in three sizes**.**
이 셔츠는 세 가지 사이즈가 있다.

연관어
small 작은
medium 중간의
large 큰

579 ★★☆

thirty [θə́ːrti] 명 30, 서른

for thirty **seconds**
30초 동안

The meeting begins in thirty **minutes.**
회의는 30분 후에 시작한다.

연관어
three 3
thirteen 13

580 ★☆☆

will [wil] 조 ~할 것이다

will **become a teacher**　　　※ 미래시제 문장에 사용됨
교사가 될 것이다

I will **make my dreams come true.**
나는 내 꿈을 이룰 거야.

유의어
be going to
~할 것이다

Check Check B

1. 30살인 _____ years old

2. 경찰관이 되다 become a _____ officer

3. (나는) 최선을 다할 것이다 _____ do my best

4. 더 큰 사이즈 a bigger _____

5. 많은 돈을 잃었다 lost a lot of _____

243

DAY 58 Review

1. 경찰   p_____   6. 확실한, 어떤   c_____

2. (사물의) 앞면, 앞쪽 f_____   7. ~할 것이다   w_____

3. 30, 서른   t_____   8. 만약 ~라면   i_____

4. 바구니   b_____   9. 인형   d_____

5. 돈   m_____   10. 크기, 사이즈   s_____

B. Missing Words

certain   front   police   if   will

1.

My mom is a _____ officer.
우리 엄마는 경찰관이시다.

2.

It is _____ that she is Sarah.
그녀는 Sarah임이 확실하다.

3.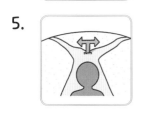

There is a ball in _____ of the box.

상자 앞에 공이 하나 있다.

4.

I _____ make my dreams come true.

나는 내 꿈을 이룰 거야.

5.

_____ I were you, I would go this way.

만약 내가 너라면, 나는 이쪽 길로 갈 거야.

C. Crossword

1		3		4

5

2				

ACROSS

1. 바구니

2. 돈

DOWN

3. 크기, 사이즈

4. 30, 서른

5. 인형

Word Plus⁺

581
★★☆

basketball [bǽskitbɔːl] 명 ① 농구 ② 농구공

good at basketball
농구에 소질이 있는

I love playing basketball.
나는 농구하는 것을 좋아한다.

연관어
basket 바구니
soccer 축구
baseball 야구

582
★☆☆

chair [ʧɛər] 명 의자

wooden chair
나무로 만든 의자

I need to buy a new chair.
나는 새 의자를 사야 한다.

연관어
desk 책상
couch 소파(sofa)
sit 앉다

583
★☆☆

door [dɔːr] 명 문

open the door
문을 열다

I don't know who opened the door.
나는 누가 문을 열었는지 모르겠다.

연관어
window 창문
open 열다
close 닫다

584
★★☆

fruit [fruːt] 명 과일

different fruits
다른 과일들

All the fruits look fresh.
과일이 다 신선해 보인다.

연관어
grape 포도
orange 오렌지
watermelon 수박

585
★★☆

image [imidʒ] 명 이미지, 인상

a good image
좋은 이미지

The picture has a peaceful image of nature.
그 그림은 자연의 평화로운 이미지를 담고 있다.

연관어
picture 그림

Check Check A

1. 문을 닫다 close the _____

2. 편안한 의자 a comfortable _____

3. 내가 가장 좋아하는 과일 my favorite _____

4. 농구 선수 a _____ player

5. 그 회사의 이미지 the company's _____

586
★★☆

monkey [mʌŋki] 명 원숭이

gorilla 고릴라
chimpanzee 침팬지

a little monkey
어린 원숭이

A monkey **is hanging from a branch.**
원숭이 한 마리가 나뭇가지에 매달려 있다.

587
★☆☆

poor [pɔːr] 형 ① 가난한 ② 불쌍한

rich 부유한, 부자인

a poor **man**
가난한 남자

The man is poor.
그 남자는 가난하다

588
★★☆

skate [skeit] 동 스케이트를 타다
명 스케이트

ski 스키를 타다

go skating
스케이트 타러 가다

Your roller skate**s are fancy.**
네 롤러스케이트는 화려하다.

589
★★☆

this [ðis] 한 이
대 이것, 이 사람

that 저것, 저 사람
these 이것들, 이 사람들
those 저것들, 저 사람들

this **apple**
이 사과

This **is a delicious apple.**
이것은 맛있는 사과다.

590
★☆☆

win [win] 동 ① 획득하다 ② 이기다
③ 당첨되다

(현재) win
(과거) won
(과거분사) won

win **a gold medal**
금메달을 따다

He finally won **first place.**
그는 마침내 1등을 했다.

Check Check B

1. 경주에서 이기다 _____ the race

2. 이 컵을 사용하다 use _____ cup

3. 원숭이를 보다 see a _____

4. 가난한 여자 a _____ woman

5. 스케이트 한 짝 a pair of _____s

DAY 59 Review

1. 과일   f_____   6. 가난한, 불쌍한   p_____

2. 스케이트를 타다 s_____   7. 문   d_____

3. 농구, 농구공   b_____   8. 이것, 이 사람   t_____

4. 획득하다, 이기다 w_____   9. 이미지, 인상   i_____

5. 원숭이   m_____   10. 의자   c_____

B. Missing Words

chair   basketball   monkey   skate   image

1.

   I love playing _____.
   나는 농구하는 것을 좋아한다.

2.

   I need to buy a new _____.
   나는 새 의자를 사야 한다.

3.

Your roller _____s are fancy.

네 롤러스케이트는 화려하다.

4.

A _____ is hanging from a branch.

원숭이 한 마리가 나뭇가지에 매달려 있다.

5.

The picture has a peaceful _____ of nature.

그 그림은 자연의 평화로운 이미지를 담고 있다.

C. Word Search

```
r t d o o r x
j h t w i n g
g i p f u a l
w s o g m t m
c g o q x f x
o f r u i t x
```

ACROSS

1. 문: _____

2. 획득하다, 이기다: _____

3. 과일: _____

DOWN

4. 이, 이것, 이 사람: _____

5. 가난한, 불쌍한: _____

Word Plus⁺

591 ★★☆

bat [bæt]

명 ① 박쥐 ② 방망이
동 배트로 공을 치다

a small bat
작은 박쥐

Bats usually fly at night.
박쥐는 보통 밤에 날아다닌다.

연관어
racket 라켓
cave 동굴

592 ★★★

chance [tʃæns]

명 기회, 가능성

give me a chance
내게 기회를 주다

Everyone has a chance.
모두에게 기회가 있다.

숙어
have a chance
기회를 갖다
give a chance
기회를 주다

593 ★★☆

double [dʌbl]

명 두 배 형 두 배의, 두 개의
동 두 배로 만들다(되다)

double points
두 배의 점수

Her happiness doubled when she met him.
그를 만났을 때 그녀의 행복은 두 배가 되었다.

×2

연관어
single 단 하나의

594 ★★☆

full [ful]

형 ① 가득 찬 ② 배부른

a full glass of water
물로 가득 찬 유리잔

The glass is full of water.
그 유리잔은 물로 가득 차 있다.

반의어
empty 비어 있는

숙어
be full of
~로 가득차다

595 ★☆☆

in [in]

전 ① [장소] ~에서, ~안에
② [시간] ~에

in the case
통 안에

There is a ball in the box.
상자 안에 공이 하나 있다.

시간을 나타낼 때 in은 월, 연도, 계절 등의 앞에, on은 날짜나 요일 앞에, at은 구체적인 시각 앞에 사용됩니다.

Check Check A

1. 동전으로 가득 찬 _____ of coins

2. 두 배의 보수를 받다 get paid _____

3. 커다란 박쥐 a big _____

4. 기회를 가지다 have a _____

5. 네 방 안에서 _____ your room

596
★★☆

month [mʌnθ] 몡 달(월), 개월

for a month
1개월 동안

January is my favorite month.
1월은 내가 제일 좋아하는 달이다.

day 날
week 주
year 년, 연도

597
★★☆

potato [pətéitou] 몡 감자

made from potatoes
감자로 만들어진

We can make a delicious soup with potatoes.
우리는 감자로 맛있는 수프를 만들 수 있다.

연관어
sweet potato 고구마
carrot 당근
onion 양파

598
★★☆

ski [skiː] 동 스키를 타다 몡 스키

enjoy skiing
스키를 타는 것을 즐기다

He went skiing last weekend.
그는 지난 주말에 스키를 타러 갔었다.

연관어
snowboard 스노보드
skate 스케이트

599
★☆☆

three [θriː] 몡 3, 셋

three apples
사과 세 개

I bought three apples today.
나는 오늘 사과 세 개를 샀다.

연관어
one 1, 하나
two 2, 둘
four 4, 넷
five 5, 다섯

600
★☆☆

wind [wind] 몡 바람

strong wind
강한 바람

The wind is blowing hard today.
오늘 바람이 강하게 분다.

형 windy 바람 부는

Check Check B

1. 세 명 _____ people

2. 다음 달에 in the next _____

3. 바람처럼 달리다 run like the _____

4. 스키 전용 부츠를 사다 buy _____ boots

5. 그 감자의 껍질을 벗기다 peel the _____

DAY 60 Review

1. 바람　　　　w_____　　6. 가득 찬, 배부른　f_____

2. 두 배　　　　d_____　　7. 감자　　　　　P_____

3. 3, 셋　　　　t_____　　8. 기회, 가능성　c_____

4. 스키를 타다　s_____　　9. 달(월), 개월　m_____

5. 박쥐, 방망이　b_____　　10. ~안에　　　　i_____

B. Missing Words

in　　ski　　chance　　bat　　wind

1.

Everyone has a _____.
모두에게 기회가 있다.

2.

_____s usually fly at night.
박쥐는 보통 밤에 날아다닌다.

252

3.

There is a ball _____ the box.

상자 안에 공이 하나 있다.

4.

The _____ is blowing hard today.

오늘 바람이 강하게 분다.

5.

He went _____ing last weekend.

그는 지난 주말에 스키를 타러 갔었다.

| C. Unscramble |

	단어	뜻
1. <u>l u l f</u>	f ☐ ☐ ☐	_____
2. <u>r e h e t</u>	t ☐ ☐ ☐ ☐	_____
3. <u>t h o m n</u>	m ☐ ☐ ☐ ☐	_____
4. <u>p a t t o o</u>	P ☐ ☐ ☐ ☐ ☐	_____
5. <u>b l u e d o</u>	d ☐ ☐ ☐ ☐ ☐	_____

DAY 61

Word Plus⁺

601 ★★☆

bath [bæθ] 〔명〕목욕

take a bath
목욕하다

I enjoy taking a warm bath before bedtime.
나는 잘 시간 전에 따뜻한 목욕을 하는 걸 즐긴다.

〔동〕 bathe
목욕시키다, 목욕하다

※ 발음 비교
bath [bæθ]
bathe [beɪð]

602 ★★☆

change [tʃeindʒ] 〔동〕변하다, 변화시키다 〔명〕변화

change a lot
많이 변하다

She changed her fashion style.
그녀는 패션 스타일을 바꿨다.

〔형〕 changeable
바뀔 수 있는, 변덕이 심한

603 ★★☆

doughnut [dóunət] 〔명〕도넛(=donut)

a sweet doughnut
달콤한 도넛

I had a doughnut for breakfast.
나는 아침으로 도넛 하나를 먹었다.

🔆 미국 영어에서는 donut, 영국 영어에서는 doughnut이라고 씁니다.

604 ★☆☆

fun [fʌn] 〔명〕① 재미 ② 장난 〔형〕재미있는, 유쾌한

have a lot of fun
아주 재미있다

I had so much fun at the amusement park.
나는 놀이공원에서 아주 재미있었다.

유의어
enjoyable 즐거운

〔형〕 funny 우스운

605 ★★☆

inside [insáid] 〔전〕~안에 〔부〕안으로 〔명〕안, 내부

inside the box
그 상자 안에

His hands are inside his pockets.
그의 손은 그의 주머니 안에 있다.

반의어
outside 바깥쪽(의)

Check Check A

1. 도넛을 먹다 eat a _____

2. 즐거운 활동 a _____ activity

3. 마음을 바꾸다 _____ my mind

4. 그 차의 내부 the _____ of the car

5. 매일 목욕하다 take a _____ every day

606 ★☆☆

moon [mu:n] 명 달

the beautiful moon
아름다운 달

The moon shone brightly in the night sky.
달이 밤하늘에 밝게 빛났다.

sun 태양, 해
star 별
earth 지구

607 ★★☆

power [páuər] 명 힘, 권력

his power
그의 힘

He has a lot of power.
그는 막강한 힘을 갖고 있다.

strong 힘이 센
weak 힘이 약한

형 powerful 강력한

608 ★★☆

skin [skin] 명 ① 피부 ② 껍질

different skin colors
다른 피부색

Their skin colors are all different.
그들의 피부색은 다 다르다.

sunscreen
자외선 차단제
peel (과일 등의) 껍질을
벗기다

609 ★★☆

ticket [tíkit] 명 표, 입장권

a free ticket
무료 입장권

I have a ticket for the show.
나는 그 공연을 위한 표가 있다.

a one-way ticket
편도 승차권
a round-trip ticket
왕복 승차권

610 ★☆☆

window [wíndou] 명 창문

open the window
창문을 열다

Look out the window.
창밖을 좀 봐.

door 문
open 열다
close 닫다

Check Check B

1. 콘서트 티켓 a concert _____

2. 언론의 힘 the _____ of the media

3. 창문을 닦다 clean the _____

4. 바나나 껍질 a banana _____

5. 그 달을 보다 look at the _____

DAY 61 Review

1. 피부, 껍질   s_____   6. 달   m_____

2. ~안에, 안으로 i_____   7. 도넛   d_____

3. 목욕   b_____   8. 표, 입장권 t_____

4. 창문   w_____   9. 변하다   c_____

5. 재미, 장난   f_____   10. 힘, 권력 P_____

B. Missing Words

inside   bath   doughnut   ticket   skin

1.

I had a _____ for breakfast.
나는 아침으로 도넛 하나를 먹었다.

2.

I have a _____ for the show.
나는 그 공연을 위한 표가 있다.

256

3.

His hands are _____ his pockets.

그의 손은 그의 주머니 안에 있다.

4.

Their _____ colors are all different.

그들의 피부색은 다 다르다.

5.

I enjoy taking a warm _____ before bedtime.

나는 잘 시간 전에 따뜻한 목욕을 하는 걸 즐긴다.

C. Crossword

3

4

5

|1|

|2|

ACROSS

1. 창문

2. 변하다,
   변화시키다, 변화

DOWN

3. 달

4. 힘, 권력

5. 재미, 장난, 재미있는

Word Plus⁺

611
★★☆

be [biː]   동 ~이다, ~에 있다

will be happy
행복할 것이다   ※ be동사(am, is, are)의 원형임

These are called "be verbs".
이것들은 'be동사'라고 불린다.

영어의 'be동사'에는 am, is, are, was, were가 있습니다.

612
★★☆

cheap [tʃiːp]   형 값싼, 저렴한

cheap price
저렴한 가격

The green ball is very cheap.
그 초록색 공은 아주 저렴하다.

유의어
inexpensive
비싸지 않은

반의어
expensive 비싼

613
★★☆

down [daun]   부 아래에 전 ~아래로

look down
아래를 보다

I saw it go down.
나는 그것이 아래로 내려가는 것을 보았다.

반의어
up 위로, 위에

614
★★★

future [fjúːtʃər]   명 미래

in the near future
가까운 미래에

You'll also get old in the future.
너도 또한 미래에는 늙을 것이다.

연관어
past 과거
present 현재

615
★★☆

internet [íntərnet]   명 인터넷

on the Internet
인터넷에

I use the Internet to search for information.
나는 정보를 찾기 위해 인터넷을 사용한다.

Internet의 'I'는 주로 대문자로 씁니다.

Check Check A

1. (아래로) 앉다 sit _____

2. 인터넷 쇼핑 _____ shopping

3. 미래에 대해 걱정하다 worry about the _____

4. 화가 날 것이다 will _____ angry

5. 저렴한 기차표 _____ train tickets

616 ★☆☆

morning [mɔ́ːrniŋ] 명 아침, 오전

Good morning.
좋은 아침이에요. / 안녕하세요.

The sun rises in the morning.
태양은 아침에 뜬다.

연관어
afternoon 오후
evening 저녁
night 밤
dawn 새벽

617 ★★★

present [préznt]
명 ① 선물 ② 현재
형 ① 현재의 ② 참석한

a birthday present
생일 선물

She gave me a present on my birthday.
그녀가 내 생일에 내게 선물을 줬다.

유의어
gift 선물

연관어
past 과거
future 미래

618 ★★☆

skirt [skəːrt] 명 치마, 스커트

wear a skirt
치마를 입다

The skirts are so pretty.
그 치마들은 아주 예쁘다.

연관어
pants 바지
wear 입다

619 ★★☆

tiger [táigər] 명 호랑이

scared of a tiger
호랑이가 두려운

People love the tiger.
사람들은 그 호랑이를 좋아한다.

연관어
lion 사자
zoo 동물원

620 ★★☆

wine [wain] 명 포도주, 와인

a bottle of wine
와인 한 병

She enjoyed a glass of wine with dinner.
그녀는 저녁 식사와 함께 한 잔의 와인을 즐겼다.

연관어
grape 포도
alcohol 알코올, 술

Check Check B

1. 호랑이를 보다 see a _____

2. 크리스마스 선물 a Christmas _____

3. 프랑스 와인 French _____

4. 이른 아침에 in the early _____

5. 새 스커트를 구입하다 buy a new _____

DAY 62 Review

1. 선물, 현재   p_____

2. 미래   f_____

3. 호랑이   t_____

4. 값싼, 저렴한   c_____

5. 아침, 오전   m_____

6. 인터넷   i_____

7. 포도주, 와인   w_____

8. ~이다, ~에 있다   b_____

9. 치마, 스커트   s_____

10. 아래에   d_____

B. Missing Words

cheap   Internet   morning   present   future

1.

The sun rises in the _____.
태양은 아침에 뜬다.

2.

The green ball is very _____.
그 초록색 공은 아주 저렴하다.

260

3.

You'll also get old in the _____.

너도 또한 미래에는 늙을 것이다.

4.

She gave me a _____ on my birthday.

그녀가 내 생일에 내게 선물을 줬다.

5.

I use the _____ to search for information.

나는 정보를 찾기 위해 인터넷을 사용한다.

C. Word Search

y	d	w	d	o	w	n
j	p	i	m	s	i	d
s	l	n	q	k	j	h
x	v	e	g	i	u	o
t	i	g	e	r	p	j
b	e	d	n	t	n	h

ACROSS

1. 아래에: _____

2. 호랑이: _____

3. ~이다: _____

DOWN

4. 포도주, 와인: _____

5. 치마, 스커트: _____

261

Word Plus⁺

---

621 ★☆☆

beach [biːʃ] 명 바닷가, 해변

연관어

ocean 바다
sea 바다
coast 해안

swim at the beach
바닷가에서 수영하다

We spent a relaxing day at the beach.
우리는 해변에서 편안한 날을 보냈다.

---

622 ★★☆

check [tʃek] 동 확인하다 명 점검

숙어

double check
두 번 확인하다
take a rain check
다음을 기약하다

check it out
그것을 확인하다

I had to check everything.
나는 모든 것을 확인해야 했다.

---

623 ★★☆

draw [drɔː] 동 ① 그리다 ② 끌어당기다

불규칙동사

(현재) draw
(과거) drew
(과거분사) drawn

draw a picture
그림을 그리다

I often draw animals and flowers.
나는 종종 동물과 꽃을 그린다.

---

624 ★☆☆

game [geim] 명 ① 게임 ② 경기

연관어

play games
게임하다
a computer game
컴퓨터 게임

video games
비디오 게임

I like playing games.
나는 게임하는 것을 좋아한다.

---

625 ★★☆

into [intu] 전 ~안으로, ~으로

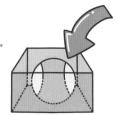

연관어

in ~의 안에
out of ~의 밖으로

into the case
그 통 안으로

I moved the ball into the box.
나는 그 공을 상자 안으로 옮겼다.

Check Check A

1. 날씨를 확인하다 _____ the weather

2. 방 안으로 들어가다 go _____ the room

3. 컴퓨터 게임을 하다 play computer _____s

4. 해변으로 가다 go to the _____

5. 직선을 하나 그리다 _____ a straight line

626 ★★☆

mother [mʌðər] 명 어머니, 엄마(=mom, mommy)

a kind mother
친절한 어머니

My mother is kind and caring.
우리 엄마는 친절하시고 배려심이 많으시다.

연관어
father 아버지
dad 아빠
parents 부모님

---

627 ★☆☆

pretty [priti] 형 예쁜 부 꽤, 상당히

a pretty girl
예쁜 소녀

My sister is so pretty.
내 여동생은 아주 예쁘다.

유의어
beautiful 아름다운
very 매우, 아주

---

628 ★☆☆

sky [skai] 명 하늘

in the sky
하늘에

The sky is clear and blue.
하늘은 맑고 파랗다.

연관어
cloud 구름
wind 바람
sun 태양

---

629 ★☆☆

time [taim] 명 ① 시간, 시각 ② (몇) 번

have a good time
좋은 시간을 보내다

I have no time to go to the party.
나는 파티에 갈 시간이 없어.

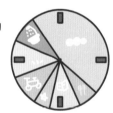

연관어
second 초
minute 분
hour 시

---

630 ★★☆

winter [wíntər] 명 겨울

in (the) winter
겨울에

I like making a snowman in winter.
나는 겨울에 눈사람 만드는 걸 좋아한다.

연관어
season 계절
spring 봄
summer 여름
fall 가을(=autumn)

Check Check B

1. 어두운 하늘 a dark _____

2. 아주 예뻐 보이다 look very _____

3. 겨울 코트를 사다 buy a _____ coat

4. 나의 어머니와 아버지 my _____ and father

5. 더 많은 시간을 소비하다 spend more _____

DAY 63 Review

A. Korean to English

1. 하늘   s_____
2. 바닷가, 해변   b_____
3. 어머니, 엄마   m_____
4. 겨울   w_____
5. 게임, 경기   g_____

6. 그리다   d_____
7. 시간, 시각, ⁽몇⁾번 t_____
8. 확인하다, 점검   c_____
9. ~안으로, ~으로   i_____
10. 예쁜, 꽤, 상당히 p_____

B. Missing Words

| pretty | draw | check | time | sky |

1.

My sister is so _____.
내 여동생은 아주 예쁘다.

2.

I had to _____ everything.
나는 모든 것을 확인해야 했다.

정답: 365쪽

3.

The _____ is clear and blue.

하늘은 맑고 파랗다.

4.

I often _____ animals and flowers.

나는 종종 동물과 꽃을 그린다.

5.

I have no _____ to go to the party.

나는 파티에 갈 시간이 없어.

C. Unscramble

	단어	뜻
1. **t i o n**	i □ □ □	_____
2. **m e g a**	9 □ □ □	_____
3. **c e h a b**	b □ □ □ □	_____
4. **n i t r e w**	w □ □ □ □ □	_____
5. **m e t r o h**	m □ □ □ □ □	_____

Word Plus⁺

---

631 ★☆☆

bear [bɛər] 명 곰 동 ① 참다 ② 낳다

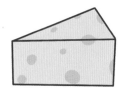

a brown bear
갈색곰(불곰)

The mother bear is looking for her cubs.
엄마 곰이 아기들을 찾고 있다.

연관어
cub 새끼 곰

불규칙동사
(현재) bear
(과거) bore
(과거분사) born(e)

---

632 ★★☆

cheese [tʃiːz] 명 치즈

delicious cheese
맛있는 치즈

Where did you buy this cheese?
너 이 치즈를 어디에서 샀니?

연관어
mouse 쥐
milk 우유
a slice of cheese
치즈 한 장
a piece of cheese
치즈 한 조각

---

633 ★★☆

dream [driːm] 명 꿈 동 꿈을 꾸다

Sweet dreams!
좋은 꿈 꿔!

I had a wonderful dream last night.
나는 어젯밤에 좋은 꿈을 꿨다.

연관어
nightmare 악몽

숙어
dream of [about]
~을 꿈꾸다

---

634 ★★☆

garden [gáːrdn] 명 정원

in a flower garden
화원(꽃 정원)에서

I grow flowers in my garden.
나는 정원에 꽃을 기른다.

유의어
yard 마당, 정원

연관어
gardener 정원사

---

635 ★★★

introduce [intrədjúːs] 동 ① 소개하다 ② 도입하다

introduce my friend
내 친구를 소개하다

I'm going to introduce my brother.
내가 남동생을 소개해 줄게.

연관어
explain 설명하다
describe 묘사하다

Check Check A

1. 정원을 갖고 있다 have a _____

2. 이상한 꿈을 꿨다 had a strange _____

3. 동물원에서 곰을 보다 see a _____ at the zoo

4. 치즈 한 장 a slice of _____

5. 나 자신을 소개하다 _____ myself

636 ★★☆

mountain [máuntən] 명 산

climb a mountain
등산하다

Look at the beautiful mountains.
저 아름다운 산들 좀 봐.

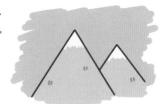

연관어

hill 언덕
climb (산 등을) 오르다

---

637 ★★☆

prince [prins] 명 왕자

a handsome prince
잘생긴 왕자

The prince is wearing a golden crown on his head.
그 왕자는 머리에 황금 왕관을 쓰고 있다.

연관어

princess 공주
king 왕
queen 여왕

---

638 ★☆☆

sleep [sli:p] 동 잠을 자다 명 잠

sleep well
잘 자다

He is sleeping in his room.
그는 그의 방에서 잠을 자고 있다.

불규칙동사

(현재) sleep
(과거) slept
(과거분사) slept

---

639 ★★★

tire [taiər] 동 피곤하게 하다

look tired   ※ 주로 tired(피곤한)로 사용됨
피곤해 보이다

The little girl was so tired.
그 어린 소녀는 아주 피곤했다.

숙어

be tired of
~에 실증이 나다,
~가 지겨워지다

---

640 ★★☆

wish [wiʃ] 동 ~하고 싶다, 바라다
명 소원

I wish you a merry Christmas.
즐거운 크리스마스를 보내길 바라.

I'll make a wish.
나는 소원을 빌 것이다.

유의어

hope 바라다

Check Check B

1. 자고 싶다 want to _____

2. 왕자를 만나다 meet a _____

3. 아주 피곤한 very _____d

4. 그 산의 정상 the top of the _____

5. 너의 행운을 바라다 _____ you luck

DAY 64 Review

A. Korean to English

1. 바라다, 소원   w_____   6. 왕자   P_____

2. 소개하다   i_____   7. 곰, 참다, 낳다   b_____

3. 꿈, 꿈을 꾸다   d_____   8. 피곤하게 하다   t_____

4. 잠을 자다, 잠   s_____   9. 정원   g_____

5. 치즈   c_____   10. 산   m_____

B. Missing Words

introduce   wish   prince   mountain   cheese

1.

I'll make a _____.
나는 소원을 빌 것이다.

2.

Look at the beautiful _____s.
저 아름다운 산들 좀 봐.

3.

I'm going to _____ my brother.
내가 남동생을 소개해 줄게.

4.

Where did you buy this _____?
너 이 치즈를 어디에서 샀니?

5.

The _____ is wearing a golden crown on his head.
그 왕자는 머리에 황금 왕관을 쓰고 있다.

C. Crossword

	4			

5

1				

| 2 | | | | |

| 3 | | | |

ACROSS

1. 곰, 참다, 낳다

2. 꿈, 꿈을 꾸다

3. 피곤하게 하다

DOWN

4. 정원

5. 잠을 자다, 잠

DAY 65

Word Plus⁺

641 ★★☆

beauty [bjúːti] 명 ① 아름다움 ② 미녀

a woman of great beauty
대단히 아름다운 여성

Everyone admired her beauty at the party.
모든 사람이 파티에서 그녀의 아름다움에 감탄했다.

형 beautiful
아름다운

642 ★★☆

chicken [tʃíkən] 명 닭, 닭고기

chicken breast
닭 가슴살

We'll have fried chicken for dinner.
우리는 저녁으로 프라이드 치킨을 먹을 것이다.

연관어
cock 수탉
hen 암탉
chick 병아리

643 ★☆☆

dress [dres] 명 드레스, 옷
동 ~에게 옷을 입히다

a beautiful dress
아름다운 드레스

She's going to wear this dress today.
그녀는 오늘 이 드레스를 입을 것이다.

연관어
shirt 셔츠
coat 코트

644 ★★☆

gas [gæs] 명 기체, 가스

a dangerous gas leak
위험한 가스 누출

Be careful when handling the can of gas.
그 가스통을 다룰 때는 조심해라.

연관어
solid 고체
liquid 액체

645 ★★★

invite [inváit] 동 초대하다

invite my best friends
내 가장 친한 친구들을 초대하다

I'll invite them to my birthday party.
나는 그들을 내 생일 파티에 초대할 것이다.

명 invitation 초대

Check Check A

1. 유독성 가스 toxic _____

2. 닭고기 수프 _____ soup

3. 그의 친구들을 초대하다 _____ his friends

4. 새 드레스를 구입하다 buy a new _____

5. 일몰의 아름다움 the _____ of the sunset

270

646
★☆☆

mouse [maus]

명 ① 생쥐, 쥐 ② (컴퓨터) 마우스

a cute mouse
귀여운 쥐

I saw a tiny mouse in my backyard.
나는 뒤뜰에서 작은 생쥐를 한 마리 봤다.

🔅
mouse의 복수형은 mice
[maɪs]라고 씁니다.

647
★★☆

print [print]

동 인쇄하다 명 인쇄

print a document
문서를 인쇄하다

I need to print this document.
나는 이 문서를 인쇄해야 한다.

연관어
computer 컴퓨터
photocopier 복사기

648
★☆☆

slow [slou]

형 느린 부 느리게(=slowly)

a slow runner
느리게 달리는 사람

You're so slow. Hurry up!
너는 꽤 느리구나. 서둘러!

반의어
fast 빠른, 빠르게
quick 빠른
quickly 빠르게

649
★★☆

to [tu]

전 ~으로, ~까지

go to the building
그 건물로 가다

We'll get to the destination soon.
우리는 곧 목적지에 도착할 것이다.

연관어
into ~(안)으로
at/in ~에

650
★☆☆

with [wið]

전 ① ~와 함께
② ~을 가지고 있는

with my friend
내 친구와 함께

I'll always stay with you.
나는 언제나 너와 함께 있을게.

반의어
without ~없이

연관어
together 함께

Check Check B

1. 학교로 가다 go _____ school

2. 그것을 지금 인쇄하다 _____ it now

3. 내 부모님과 함께 _____ my parents

4. 애완용 쥐 a pet _____

5. 느리게 읽는 사람 a _____ reader

A. Korean to English

1. 인쇄하다, 인쇄   p_____
2. 드레스, 옷   d_____
3. ~으로, ~까지   t_____
4. 닭, 닭고기   c_____
5. ~와 함께   w_____

6. 초대하다   i_____
7. 느린, 느리게   s_____
8. 아름다움, 미녀   b_____
9. 생쥐, 쥐   m_____
10. 기체, 가스   g_____

B. Missing Words

chicken   invite   mouse   beauty   print

1.

I need to _____ this document.
나는 이 문서를 인쇄해야 한다.

2.

I saw a tiny _____ in my backyard.
나는 뒤뜰에서 작은 생쥐를 한 마리 봤다.

정답: 366쪽

3.

We'll have fried _____ for dinner.

우리는 저녁으로 프라이드 치킨을 먹을 것이다.

4.

I'll _____ them to my birthday party.

그들을 내 생일 파티에 초대할 것이다.

5.

Everyone admired her _____ at the party.

모든 사람이 파티에서 그녀의 아름다움에 감탄했다.

C. Word Search

g	x	f	r	r	g	q
a	r	g	v	d	z	b
s	l	o	w	r	h	l
m	t	o	i	e	n	d
d	v	e	t	s	h	o
o	h	y	h	s	j	q

ACROSS

1. 느린, 느리게: _____

2. ~으로, ~까지: _____

DOWN

3. 기체, 가스: _____

4. ~와 함께: _____

5. 드레스, 옷: _____

Word Plus⁺

651 ★★☆

because [bikɔ́ːz] 접 ~때문에

because **of him**
그 때문에

People like him because **he is handsome.**
사람들은 그가 잘생겼기 때문에 그를 좋아한다.

because 다음에는 절 (clause)이 오고 because of 다음에는 구(phrase)를 씁니다.

652 ★☆☆

child [tʃaild] 명 아이

a little child
어린아이

The child **smiled brightly at me.**
그 아이는 나를 향해 밝게 미소 지었다.

유의어
kid 아이

child의 복수형은 children(아이들)이라고 씁니다.

653 ★★☆

drink [driŋk] 동 마시다 명 마실 것

drink cold water
차가운 물을 마시다

He is drinking **water after the P.E. class.**
그는 체육 시간 후에 물을 마시고 있다.

불규칙동사
(현재) drink
(과거) drank
(과거분사) drunk

654 ★★☆

gentleman [dʒéntlmən] 명 신사, 남자분

Ladies and gentlemen!
신사 숙녀 여러분!

There is a little gentleman **waiting for you.**
너를 기다리고 있는 어린 신사분이 계셔.

연관어
lady 숙녀

gentleman의 복수형은 gentlemen으로 씁니다.

655 ★★★

issue [íʃuː] 명 쟁점, 문제, 사안

a key issue
핵심 쟁점

The team discussed the important issue.
팀은 그 중요한 사안에 대해 논의했다.

연관어
problem 문제

Check Check A

1. 주요 쟁점 a main _____

2. 커피를 마시다 _____ coffee

3. 내가 너를 사랑하기 때문에 _____ I love you

4. 나이 드신 신사분 an old _____

5. 내가 아이였을 때 when I was a _____

656 ★☆☆

mouth [mauθ] 명 입

Open your mouth, please.
입을 벌려 주세요.

She opened her mouth to eat snacks.
그녀는 간식을 먹기 위해 그녀의 입을 벌렸다.

연관어
tooth 이, 치아
tongue 혀
lips 입술
gums 잇몸

657 ★★☆

program [próugræm] 명 프로그램

start the program
그 프로그램을 시작하다

I know many useful computer programs.
나는 많은 유용한 컴퓨터 프로그램을 알고 있다.

주로 미국 영어에서는 program, 영국 영어에서는 programme이라고 씁니다.

658 ★☆☆

small [smɔːl] 형 작은

very small
아주 작은

I observed a small ant today.
나는 오늘 작은 개미 한 마리를 관찰했다.

유의어
tiny 아주 작은

반의어
big 큰
huge 아주 큰

659 ★☆☆

today [tədéi] 명 오늘
부 오늘, 오늘날에는

today's weather
오늘의 날씨

Today is Monday.
오늘은 월요일이다.

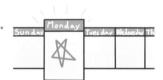

연관어
yesterday 어제
tomorrow 내일

660 ★★☆

woman [wúmən] 명 여자, 여성

a tall woman
키가 큰 여자

I know the woman standing over there.
나는 저기 서 있는 여자를 안다.

반의어
man 남자, 남성

woman의 복수형은 women으로 씁니다.

Check Check B

1. 너의 입에 in your _____

2. 소프트웨어 프로그램 a software _____

3. 아름다운 여성 a beautiful _____

4. 오늘과 내일 _____ and tomorrow

5. 작은 원을 그리다 draw a _____ circle

DAY 66 Review

A. Korean to English

1. 아이   c_____
2. 작은   s_____
3. 쟁점, 문제, 사안   i_____
4. 여자, 여성   w_____
5. 마시다, 마실 것   d_____

6. 프로그램   p_____
7. 신사, 남자분   g_____
8. 오늘   t_____
9. ~때문에   b_____
10. 입   m_____

B. Missing Words

child   gentleman   because   today   mouth

1.

_____ is Monday.

오늘은 월요일이다.

2.

The _____ smiled brightly at me.

그 아이는 나를 향해 밝게 미소 지었다.

3.

She opened her _____ to eat snacks.

그녀는 간식을 먹기 위해 그녀의 입을 벌렸다.

4.

There is a little _____ waiting for you.

너를 기다리고 있는 어린 신사분이 계셔.

5.

People like him _____ he is handsome.

사람들은 그가 잘생겼기 때문에 그를 좋아한다.

C. Unscramble

	단어	뜻
1. <u>m a l l s</u>	S ☐ ☐ ☐ ☐	_____
2. <u>s e s u i</u>	i ☐ ☐ ☐ ☐	_____
3. <u>n i r k d</u>	d ☐ ☐ ☐ ☐	_____
4. <u>o n m a w</u>	w ☐ ☐ ☐	_____
5. <u>r o g p a r m</u>	P ☐ ☐ ☐ ☐ ☐ ☐	_____

Word Plus⁺

661 ★★★

become [bikʌm]　동 ~이 되다

become an adult
성인이 되다

The caterpillar will finally become a butterfly.
그 애벌레는 결국 나비가 될 것이다.

불규칙동사
(현재) become
(과거) became
(과거분사) become

662 ★★☆

chocolate [tʃɔ́ːkələt]　명 초콜릿

my favorite chocolate
내가 가장 좋아하는 초콜릿

I enjoyed a delicious chocolate bar after dinner.
나는 저녁 식사 후에 맛있는 초콜릿 바를 먹었다.

연관어
candy 사탕
sweet 달콤한

663 ★★☆

drive [draiv]　동 운전하다, (어떤 방향으로) 몰다

drive safe(safely)
안전하게 운전하다

I want to drive a car.
나는 자동차를 운전하고 싶다.

불규칙동사
(현재) drive
(과거) drove
(과거분사) driven

664 ★★☆

get [get]　동 얻다, 받다, 가져오다

get a gift
선물을 받다

She got the present from her parents.
그녀는 그 선물을 부모님께 받았다.

불규칙동사
(현재) get
(과거) got
(과거분사) got/gotten

665 ★☆☆

it [it]　대 그것

press it
그것을 누르다

Do you know how to use it?
너는 그것을 어떻게 사용하는지 아니?

연관어
this 이것, 이 사람
that 저것, 저 사람

Check Check A

1. 트럭을 운전하다 _____ a truck

2. 그것을 사고 싶다 want to buy _____

3. 의사가 되다 _____ a doctor

4. 초콜릿 케이크 a _____ cake

5. 약간의 음식을 얻다 _____ some food

666 ★★☆

move [mu:v]

동 ① 옮기다, 움직이다
② 이사하다

to move it
그것을 옮기기 위해

He is going to move two boxes.
그는 상자 두 개를 옮길 것이다.

-☼- move는 '감동시키다'라는 뜻도 갖고 있습니다.

667 ★★★

problem [prábləm] 명 문제

a serious problem
심각한 문제

He can't solve the problem.
그는 그 문제를 해결할 수 없다.

연관어
question 문제, 질문
solve 해결하다

668 ★★☆

smell [smel]

동 냄새가 나다, 냄새를 맡다
명 냄새

smell like
~같은 냄새가 나다

It doesn't smell good.
그건 좋은 냄새가 나지 않는다.

연관어
taste ~한 맛이 나다
sound ~하게 들리다
look ~하게 보이다
feel ~하게 느끼다

669 ★★☆

together [təgéðər] 부 함께

work together
함께 일하다

Let's do it together.
그것을 함께 하자.

연관어
each other 서로
cooperate 협력하다

670 ★☆☆

wood [wud]

명 ① 나무 ② 숲

gather some wood
나무를 조금 모으다

I'll build a house with wood.
나는 나무로 집을 지을 것이다.

유의어
log 통나무
forest 숲(=woods)

Check Check B

1. 나쁜 냄새가 나다 _____ bad

2. 함께 캠핑가다 go camping _____

3. 다른 도시로 이사하다 _____ to another city

4. 내 문제가 아닌 not my _____

5. 나무로 만들어진 made of _____

DAY 67 Review

1. 함께   t_____   6. 얻다, 받다   g_____

2. 옮기다, 움직이다   m_____   7. ~이 되다   b_____

3. 초콜릿   c_____   8. 문제   P_____

4. 냄새가 나다   s_____   9. 나무, 숲   w_____

5. 그것   i_____   10. 운전하다   d_____

B. Missing Words

smell   together   chocolate   problem   it

1.

Let's do it _____.
그것을 함께 하자.

2.

It doesn't _____ good.
그건 좋은 냄새가 나지 않는다.

280

3.

He can't solve the _____.
그는 그 문제를 해결할 수 없다.

4.

Do you know how to use _____?
너는 그것을 어떻게 사용하는지 아니?

5.

I enjoyed a delicious _____ bar after dinner.
나는 저녁 식사 후에 맛있는 초콜릿 바를 먹었다.

C. Crossword

3

4   5

| I | | | | | |

2 | | | | |

ACROSS

1. ~이 되다

2. 운전하다

DOWN

3. 옮기다, 움직이다

4. 얻다, 받다, 가져오다

5. 나무, 숲

Word Plus⁺

671 ★☆☆	**bed** [bed] 명 침대

a comfortable bed
편안한 침대(잠자리)

I bought a new bed.
나는 새 침대를 구입했다.

숙어
go to bed
잠자리에 들다

---

672 ★★☆	**choose** [ʧuːz] 동 선택하다, 고르다

choose the best answer
최고의 답을 고르다

I can't decide which one to choose.
나는 어떤 것을 골라야 할지 결정할 수가 없어.

유의어
pick 고르다

불규칙동사
(현재) choose
(과거) chose
(과거분사) chosen

---

673 ★★☆	**drop** [drap] 동 떨어뜨리다, 떨어지다 명 방울

drop something
어떤 것을 떨어뜨리다

Terry dropped his wallet on his way home.
Terry는 집에 오는 길에 그의 지갑을 떨어뜨렸다.

유의어
fall 떨어지다, 넘어지다

---

674 ★☆☆	**girl** [gəːrl] 명 여자아이, 소녀

a lovely girl
사랑스러운 소녀

The friendly girl is waiting for her friends.
그 친절한 소녀가 친구들을 기다리고 있다.

연관어
boy 남자아이, 소년
kid 아이
child 아이

---

675 ★★☆	**jacket** [dʒǽkit] 명 재킷, 상의

wear a jacket
재킷을 입다

She left her pink jacket at the restaurant.
그녀는 식당에 핑크색 재킷을 놓고 갔다.

연관어
coat 코트
wear 입다

Check Check A

1. 열쇠를 떨어뜨리다 _____ a key

2. 새 재킷을 구입하다 buy a new _____

3. 그것들 중 하나를 고르다 _____ one of them

4. 예쁜 여자아이 a pretty _____

5. 침대에서 자다 sleep on the _____

676
★★☆

movie [múːvi] 　명 영화

watch a movie
영화를 보다

She bought popcorn before the movie started.
그녀는 영화가 시작하기 전에 팝콘을 샀다.

theater 극장

go to the movies
영화를 보러 가다

677
★★★

project [prádʒekt] 　명 프로젝트, 계획

the science project
과학 프로젝트

We completed the school project.
우리는 학교 프로젝트를 다 끝냈다.

homework 숙제

678
★★☆

smile [smail]
동 미소 짓다
명 (소리 없는) 웃음, 미소

smile sweetly
사랑스럽게 미소 짓다

After a long day, his joke made me smile.
긴 하루가 끝나고 그의 농담이 나를 미소 짓게 했다.

laugh 웃다
cry 울다

679
★★☆

tomato [təméitou] 　명 토마토

a red tomato
빨간 토마토

The chef used a fresh tomato to make the sauce.
요리사는 소스를 만들기 위해 신선한 토마토 한 개를 사용했다.

fruit 과일
vegetable 채소
lettuce (양)상추
watermelon 수박

680
★☆☆

word [wəːrd] 　명 단어

an English word
영어 단어

I need to memorize a lot of vocabulary words.
나는 많은 단어를 외워야 한다.

vocabulary 어휘

Check Check B

1. 나에게 미소 짓다 _____ at me

2. 어려운 단어 a difficult _____

3. 토마토를 먹다 eat a _____

4. 영화를 만들다 make a _____

5. 프로젝트를 끝내다 finish the _____

DAY 68 Review

A. Korean to English

1. 토마토   t_____   6. 침대   b_____

2. 여자아이, 소녀   g_____   7. 영화   m_____

3. 프로젝트, 계획   p_____   8. 떨어뜨리다   d_____

4. 선택하다, 고르다   c_____   9. 단어   w_____

5. 미소 짓다   s_____   10. 재킷, 상의   j_____

B. Missing Words

movie   project   jacket   choose   tomato

1.

We completed the school _____.
우리는 학교 프로젝트를 다 끝냈다.

2.

I can't decide which one to _____.
나는 어떤 것을 골라야 할지 결정할 수가 없어.

3.

She bought popcorn before the _____ started.

그녀는 영화가 시작하기 전에 팝콘을 샀다.

4.

The chef used a fresh _____ to make the sauce.

요리사는 소스를 만들기 위해 신선한 토마토 한 개를 사용했다.

5.

She left her pink _____ at the restaurant.

그녀는 식당에 핑크색 재킷을 놓고 갔다.

C. Word Search

w	p	i	v	b	s	a
w	t	d	f	e	m	c
s	y	r	b	d	i	k
b	w	o	r	d	l	z
h	o	p	f	s	e	n
k	g	i	r	l	z	s

ACROSS

1. 단어: _____

2. 여자아이, 소녀: _____

DOWN

3. 떨어뜨리다: _____

4. 침대: _____

5. 미소 짓다: _____

Word Plus⁺

681 ★★☆

bee [bi:]

명 꿀벌, 벌

연관어
honey 꿀
sting (곤충 등이) 쏘다

a swarm of bees
벌 떼

The bee buzzed around the flowers.
그 벌은 꽃 주변에서 윙윙거렸다.

682 ★★☆

church [tʃəːrtʃ]

명 교회

연관어
cathedral 성당
religion 종교

in the church
교회에서

We go to church every Sunday.
우리는 매주 일요일에 교회를 간다.

683 ★★☆

drum [drʌm]

명 북, 드럼

연관어
piano 피아노
violin 바이올린
play 연주하다
drummer 드러머

the beat of the drums
드럼의 박자

I play the drums in the orchestra.
나는 오케스트라에서 드럼을 연주한다.

684 ★★☆

give [giv]

동 주다

불규칙동사
(현재) give
(과거) gave
(과거분사) given

give him a gift
그에게 선물을 주다

I want to give this to you.
나는 네게 이것을 주고 싶어.

685 ★☆☆

jam [dʒæm]

명 ① 잼 ② 혼잡

연관어
butter 버터
spread 바르다, 펼치다

with butter and jam
버터 그리고 잼과 함께

I spread strawberry jam on my toast.
나는 토스트에 딸기 잼을 발랐다.

Check Check A

1. 교회를 짓다 build a _____

2. 내게 동전 하나를 주다 _____ me a coin

3. 벌에 쏘인 stung by a _____

4. 사과 잼을 좋아하다 like apple _____

5. 드럼에 소질이 있는 good at the _____s

686
★★★

much [mʌtʃ]

부 매우, 대단히, 많이
형 (양이) 많은

very much
아주 많이

He talks too much.
그는 말을 너무 많이 한다.

연관어

many (수가) 많은
a few (수가) 적은
a little (양이) 적은

687
★☆☆

puppy [pʌpi]

명 강아지

a cute puppy
귀여운 강아지

Look at the little puppy.
저 작은 강아지를 좀 봐.

연관어

dog 개

puppy의 복수형은
puppies라고 씁니다.

688
★☆☆

snow [snou]

명 눈 동 눈이 오다

a lot of snow
많은 눈

It's snowing a lot today.
오늘 눈이 많이 온다.

연관어

rain 비(가 오다)
hail 우박(이 내리다)
snowman 눈사람

689
★★☆

tomorrow [təmɔ́:rou]

부 내일
명 내일

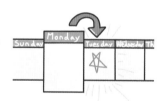

tomorrow morning
내일 아침

Tomorrow is Tuesday.
내일은 화요일이다.

연관어

yesterday 어제
today 오늘

690
★★☆

work [wə:rk]

동 ① 일하다 ② (기계) 작동하다
명 ① 일 ② 작품

work hard
열심히 일하다

I have to finish my work before the deadline.
나는 마감 전에 일을 끝내야 해.

연관어

hard 열심히
job 직업

Check Check B

1. 강아지를 갖고 있다 have a _____

2. 곧 눈이 올 것이다 will _____ soon

3. 그녀를 아주 많이 좋아하다 like her very _____

4. 내일 저녁 _____ evening

5. 해야 할 많은 일 a lot of _____ to do

DAY 69 Review

| A. Korean to English |

1. 교회   c_____
2. 눈, 눈이 오다   s_____
3. 잼, 혼잡   j_____
4. 일하다   w_____
5. 북, 드럼   d_____
6. 매우, 대단히   m_____
7. 주다   g_____
8. 내일   t_____
9. 꿀벌, 벌   b_____
10. 강아지   p_____

| B. Missing Words |

tomorrow   jam   work   puppy   bee

1.

Look at the little _____.
저 작은 강아지를 좀 봐.

2.

_____ is Tuesday.
내일은 화요일이다.

288

정답: 368쪽

3.

The _____ buzzed around the flowers.

그 벌은 꽃 주변에서 윙윙거렸다.

4.

I spread strawberry _____ on my toast.

나는 토스트에 딸기 잼을 발랐다.

5.

I have to finish my _____ before the deadline.

나는 마감 전에 일을 끝내야 해.

C. Unscramble

	단어	뜻
1. <u>v</u> <u>i</u> <u>g</u> <u>e</u>	g ☐ ☐ ☐	_____
2. <u>n</u> <u>o</u> <u>w</u> <u>s</u>	s ☐ ☐ ☐	_____
3. <u>c</u> <u>h</u> <u>u</u> <u>m</u>	m ☐ ☐ ☐	_____
4. <u>m</u> <u>u</u> <u>r</u> <u>d</u>	d ☐ ☐ ☐	_____
5. <u>c</u> <u>u</u> <u>r</u> <u>h</u> <u>c</u> <u>h</u>	c ☐ ☐ ☐ ☐ ☐	_____

Word Plus⁺

691
★★☆

beef [biːf]
명 소고기

tasty beef
맛있는 소고기

The restaurant serves tender beef steaks.
그 식당은 부드러운 소고기 스테이크를 제공한다.

연관어
steak 스테이크
chicken 치킨

692
★★☆

circle [sə́ːrkl]
명 원, 동그라미

colorful circles
화려한 색상의 원들

She drew many circles on the paper.
그녀는 종이 위에 많은 동그라미를 그렸다.

연관어
triangle 삼각형
rectangle 직사각형
square 정사각형

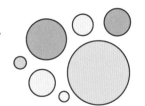

693
★★☆

dry [drai]
동 말리다, 마르다
형 마른, 건조한

dry her hair
그녀의 머리를 말리다

She used a hair dryer to dry her wet hair.
그녀는 젖은 머리를 말리기 위해 드라이기를 사용했다.

반의어
wet 젖은

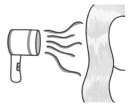

694
★★☆

glad [glæd]
형 기쁜

glad to be here
여기에 있어서 기쁜

I'm glad to meet you.
나는 당신을 만나서 기뻐요.

유의어
happy 행복한
pleased 기쁜

695
★☆☆

job [dʒab]
명 직업, 직장, 일

find a job
직업을 찾다

There are many different jobs in this world.
이 세상에는 다른 직업들이 많이 있다.

유의어
occupation 직업
career 직업, 직장 생활

Check Check A

1. 건조한 기후 a _____ climate

2. 맛있는 소고기 delicious _____

3. 직장을 구하다 get a _____

4. 삼각형과 원 a triangle and a _____

5. 그 소식을 들어 기쁜 _____ to hear that

696 ★☆☆

music [mjú:zik] 명 음악

연관어
song 노래
write a song 작곡하다

love music
음악을 좋아하다

I like listening to music.
나는 음악 듣는 걸 좋아한다.

697 ★★☆

push [puʃ]
동 ① 밀다 ② 재촉하다
명 밀기

반의어
pull 당기다

push it hard
그것을 세게 밀다

He tried to push the heavy box.
그는 무거운 상자를 밀려고 노력했다.

698 ★★☆

so [sou]
부 아주, 매우
접 그래서

유의어
thus 그래서
therefore 그러므로

so happy about it
그것에 대해 아주 기분이 좋은

She is so excited about her upcoming vacation.
그녀는 다가오는 방학에 아주 신이 나 있다.

699 ★★☆

tonight [tənáit]
부 오늘 밤에
명 오늘 밤

연관어
this morning
오늘 오전
this afternoon
오늘 오후
this evening
오늘 저녁

stay home tonight 오늘 밤 집에 머물다
You'll be able to see the moon and stars tonight.
당신은 오늘 밤에 달과 별들을 볼 수 있을 겁니다.

700 ★★☆

world [wə:rld] 명 세계, 세상

연관어
earth 지구
country 나라, 국가
space 우주

in the world
이 세상에

I want to travel around the world.
나는 세계를 여행하고 싶다.

Check Check B

1. 전 세계 the whole _____

2. 오늘 밤에 외출하다 go out _____

3. 아주 피곤한 _____ tired

4. 문을 밀다 _____ the door

5. 음악 산업 the _____ industry

DAY 70 Review

A. Korean to English

1. 음악   m_____   6. 기쁜   g_____

2. 소고기   b_____   7. 아주, 매우, 그래서   s_____

3. 세계, 세상   w_____   8. 직업, 직장, 일   j_____

4. 말리다, 마르다   d_____   9. 밀다, 재촉하다   p_____

5. 오늘 밤에   t_____   10. 원, 동그라미   c_____

B. Missing Words

dry	world	tonight	job	so

1.

I want to travel around the _____.

나는 세계를 여행하고 싶다.

2.

She used a hair dryer to _____ her wet hair.

그녀는 젖은 머리를 말리기 위해 드라이기를 사용했다.

292

3.

There are many different _____s in this world.

이 세상에는 다른 직업들이 많이 있다.

4.

You'll be able to see the moon and stars _____.

당신은 오늘 밤에 달과 별들을 볼 수 있을 겁니다.

5.

She is _____ excited about her upcoming vacation.

그녀는 다가오는 방학에 아주 신이 나 있다.

C. Crossword

ACROSS

1. 음악

2. 소고기

3. 기쁜

DOWN

4. 밀다, 재촉하다, 밀기

5. 원, 동그라미

Word Plus⁺

701
★★☆

before [bifɔ́ːr]

전 ① ~전에 ② ~보다 먼저
접 ~하기 전에

반의어
after ~후에

숙어
before long 오래
지나지 않아, 얼마 후

before **lunch**
점심 식사 전에

He didn't wear glasses before he turned 8.
그는 8살이 되기 전에는 안경을 쓰지 않았다.

702
★☆☆

city [siti]

명 도시

유의어
town 도시, 시내

연관어
country 시골, 국가

visit the city
그 도시를 방문하다

There are many buildings in this city.
이 도시에는 많은 건물이 있다.

703
★★☆

duck [dʌk]

명 오리

연관어
duckling 아기 오리
chicken 닭

a cute duck
귀여운 오리

The duck swam gracefully in the pond.
그 오리는 연못에서 우아하게 헤엄쳤다.

704
★★☆

glass [glæs]

명 ① (유리)잔 ② 유리

연관어
cup 컵
mug 머그잔
glasses 안경

a glass of water
물 한 잔

She filled the glass with cold water.
그녀는 유리잔을 차가운 물로 채웠다.

705
★★☆

join [dʒɔin]

동 ① 가입하다
② 합류하다

유의어
sign up 가입하다

연관어
club 동아리

join the club
그 동아리에 가입하다

Would you like to join us?
너 우리와 함께 할래?

Check Check A

1. 비가 오기 전에 _____ it starts raining

2. 오리와 새끼오리 a _____ and a duckling

3. 주스 한 잔을 마시다 drink a _____ of juice

4. 도시에 살다 live in a _____

5. 축구 동아리에 가입하다 _____ a soccer club

706
★★★

must [mʌst]

조 ① ~해야 한다
② ~임에 틀림없다

have to ~해야 한다
should ~해야 한다

must **be tired**
틀림없이 피곤할 것이다

I must **finish many things by tonight.**
나는 오늘 밤까지 많은 것을 끝내야 한다.

707
★☆☆

put [put]

동 놓다, 두다

불규칙동사

(현재) put
(과거) put
(과거분사) put

put **it down**
그것을 내려 놓다

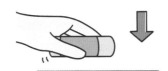

I put **it on the table.**
나는 그것을 테이블 위에 놓았다.

708
★☆☆

soccer [sάkər] 명 축구

a soccer **ball**
축구공

How often do you play soccer?
너는 축구를 얼마나 자주 하니?

우리나라와 미국 등에서는
'soccer'라고 부르는 '축구'
를 영국에서는 'football'
이라고 부릅니다.

709
★★☆

too [tu:]

부 ① ~도 또한 ② 너무

유의어

also 또한
as well 마찬가지로

Me, too.
나도 역시 그래.

I bought the same hairpin, too.
나도 똑같은 머리핀 샀어.

710
★★☆

worry [wə́:ri] 동 걱정하다 명 걱정

숙어

be worried about
~에 대해 걱정이다

worry **too much**
너무 많이 걱정하다

Don't worry **about it.**
그것에 대해 걱정하지 마.

Check Check B

1. 그에 대해 걱정하다 _____ about him

2. 나도 또한 그것을 좋아해. I like it, _____.

3. 축구 선수들 _____ players

4. 그것을 바닥에 놓다 _____ it on the floor

5. 그것을 지금 해야만 한다 _____ do it now

DAY 71 Review

1. 오리   d_____   6. 걱정하다, 걱정   w_____

2. 가입하다   j_____   7. 도시   c_____

3. 축구   s_____   8. ~해야 한다   m_____

4. ~전에   b_____   9. ~도 또한, 너무   t_____

5. 놓다, 두다   p_____   10. (유리)잔, 유리   g_____

B. Missing Words

| soccer | glass | before | worry | too |

1.

Don't _____ about it.
그것에 대해 걱정하지 마.

2.

How often do you play _____?
너는 축구를 얼마나 자주 하니?

3.

I bought the same hairpin, _____.

나도 똑같은 머리핀 샀어.

4.

She filled the _____ with cold water.

그녀는 유리잔을 차가운 물로 채웠다.

5.

He didn't wear glasses _____ he turned 8.

그는 8살이 되기 전에는 안경을 쓰지 않았다.

C. Word Search

p	m	t	z	c	f	d
i	s	j	o	i	n	u
u	d	p	u	t	k	c
r	q	y	x	y	u	k
h	f	k	m	k	b	g
m	u	s	t	b	h	w

ACROSS

1. 가입하다: _____

2. 놓다, 두다: _____

3. ~해야 한다: _____

DOWN

4. 도시: _____

5. 오리: _____

297

711
★★☆

begin [bigín] 동 시작하다

before you begin
당신이 시작하기 전에

He is ready to begin the race.
그는 경주를 시작할 준비가 됐다.

유의어
start 시작하다

불규칙동사
(현재) begin
(과거) began
(과거분사) begun

712
★☆☆

class [klæs] 명 ① 수업 ② 학급

a math class 수학 수업

All the students left their classroom after the class.
수업 후에 모든 학생은 교실을 떠났다.

연관어
classroom 교실
lesson 수업, 교훈
school 학교

713
★★★

during [djúəriŋ] 전 ~동안

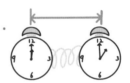

during the summer 여름 동안
During lunchtime, we enjoyed the sunny weather.
점심시간 동안 우리는 화창한 날씨를 즐겼다.

유의어
for ~동안

for는 숫자 앞에 during은 특정 기간을 나타내는 말 앞에 사용합니다.

714
★☆☆

go [gou] 동 가다

go to the library
도서관에 가다

I usually go to school early.
나는 보통 일찍 학교에 간다.

유의어
head 가다, 향하다

불규칙동사
(현재) go
(과거) went
(과거분사) gone

715
★★☆

juice [dʒuːs] 명 ① 주스 ② 액
동 즙을 내다, 주스를 짜다

a glass of juice
주스 한 잔

I'd like to drink orange juice.
나는 오렌지 주스를 마시고 싶어.

연관어
drink 마시다
coffee 커피
tea 차

Check Check A

1. 집에 가다 _____ home

2. 주말 동안에 _____ the weekend

3. 내가 제일 좋아하는 수업 my favorite _____

4. 곧 시작할 것이다 will _____ soon

5. 사과 주스 한 잔 a glass of apple _____

716
★☆☆

name [neim] 명 이름 동 이름을 지어 주다

What's your name?
네 이름은 뭐니?

My name is Peter, and her name is Ha Sunyoung.
내 이름은 Peter이고 그녀의 이름은 하선영이다.

Word Plus⁺

연관어

personal information
개인정보
first name 이름
last name
성(=family name)

717
★★☆

queen [kwi:n] 명 여왕

respect the queen
그 여왕을 존경하다

She is the queen.
그녀는 여왕이다.

연관어

king 왕
prince 왕자
princess 공주

718
★★☆

sock [sak] 명 양말

a pair of socks   ※ 주로 복수형(socks)으로 사용됨
양말 한 켤레

I lost one of my socks.
나는 양말 하나를 잃어버렸어.

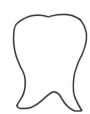

연관어

shoes 신발
feet 발(foot의 복수형)

719
★★☆

tooth [tu:θ] 명 치아, 이

brush my teeth   ※ 주로 복수형(teeth)으로 사용됨
(내가) 양치질을 하다

She lost her first tooth.
그녀는 그녀의 첫 번째 이를 잃게 되었다.

연관어

toothbrush 칫솔
toothpaste 치약

720
★★☆

write [rait] 동 쓰다, 적다

write a story
이야기를 쓰다

I'll write a letter to my grandma.
나는 할머니께 편지를 쓸 것이다.

불규칙동사

(현재) write
(과거) wrote
(과거분사) written

Check Check B

1. 내 앞니들 my front _____

2. 에세이를 쓰다 _____ an essay

3. 내 왼쪽 양말 my left _____

4. 여왕이 되다 become a _____

5. 그 남자의 이름 the man's _____

299

DAY 72 Review

A. Korean to English

1. 가다   g_____
2. 쓰다, 적다   w_____
3. 시작하다   b_____
4. 이름   n_____
5. 양말   s_____

6. 여왕   q_____
7. 수업, 학급   c_____
8. 치아, 이   t_____
9. 주스, 액   j_____
10. ~동안   d_____

B. Missing Words

| tooth | name | go | queen | class |

1.

She is the _____.
그녀는 여왕이다.

2.

I usually _____ to school early.
나는 보통 일찍 학교에 간다.

300

3.

She lost her first _____.

그녀는 그녀의 첫 번째 이를 잃게 되었다.

4.

All the students left their classroom after the _____.

수업 후에 모든 학생은 교실을 떠났다.

5.

My _____ is Peter, and her _____ is Ha Sunyoung.

내 이름은 Peter이고 그녀의 이름은 하선영이다.

C. Unscramble

	단어	뜻
1. <u>c o s k</u>	s ☐ ☐ ☐	_____
2. <u>r e w t i</u>	w ☐ ☐ ☐ ☐	_____
3. <u>j i c e u</u>	j ☐ ☐ ☐	_____
4. <u>g i b e n</u>	b ☐ ☐ ☐	_____
5. <u>d r i n u g</u>	d ☐ ☐ ☐ ☐ ☐	_____

Word Plus⁺

721 ★★★

behind [biháind]

전 ① ~의 뒤에
② ~보다 늦은

반의어
in front of ~의 앞에

연관어
on ~ 위에
beside ~ 옆에

behind the building
그 건물 뒤에

The mouse is hiding behind the box.
그 쥐는 상자 뒤에 숨어 있다.

---

722 ★★☆

clean [kli:n]

동 청소하다 형 깨끗한

반의어
dirty 더러운

clean the house
집을 청소하다

We cleaned our room together.
우리는 함께 방을 청소했다.

---

723 ★☆☆

ear [iər]

명 ① 귀 ② 청각

연관어
eye 눈
nose 코

숙어
all ears 귀를 기울이고
있는, 잘 듣고 있는

in my left ear
내 왼쪽 귀에

She whispered in my ear.
그녀는 내 귀에 속삭였다.

---

724 ★★☆

goal [goul]

명 ① 목표 ② 득점

유의어
target 목표

achieve a goal
목표를 달성하다

I always do my best to reach my goal.
나는 내 목표를 달성하기 위해 항상 최선을 다한다.

---

725 ★★☆

jump [dʒʌmp]

동 점프하다, 뛰다
명 뛰기

연관어
walk 걷다
run 달리다

jump high
높이 점프하다

The little girl loves to jump.
그 어린 여자아이는 점프하는 걸 좋아한다.

Check Check A

1. 내 오른쪽 귀 my right _____

2. 네 목표가 뭐야? What's your _____?

3. 더 높이 점프해야 한다 should _____ higher

4. 테이블 뒤에 _____ the table

5. 교실을 청소하다 _____ the classroom

726 ★★☆

nation [néiʃən] 명 국가, 나라

beautiful nations
아름다운 나라들

The athletes are from many different nations.
그 운동선수들은 많은 다른 국가 출신이다.

유의어
country 국가, 나라

연관어
international 국제적인

형 national 국가의

---

727 ★★★

question [kwéstʃən] 명 질문

ask a question
질문을 하다

I have a question.
저는 질문이 있어요.

반의어
answer 대답(하다)

연관어
ask 질문하다

---

728 ★★☆

soft [sɔːft] 형 부드러운

feel soft
감촉이 부드럽다

I bought a soft cushion.
나는 부드러운 쿠션을 하나 구입했다.

반의어
hard 딱딱한

---

729 ★☆☆

top [tap]
명 정상, 맨 위
형 ① 맨 위의 ② 최고의

reach the top
정상에 도달하다

I'll go to the top of the mountain.
나는 그 산의 정상까지 갈 거다.

반의어
bottom 아랫부분

---

730 ★★★

wrong [rɔːŋ] 형 틀린, 잘못된

the wrong answer
틀린 대답

You're going in the wrong direction.
당신은 잘못된 방향으로 가고 있어요.

반의어
right 옳은

Check Check B

1. 좋은 질문 a good _____

2. 부드러운 깃털 a _____ feather

3. 모든 나라들 all the _____s

4. 건물의 맨 위 the _____ of the building

5. 다른(잘못된) 버스를 타다 take a _____ bus

DAY 73 Review

A. Korean to English

1. 목표, 득점   g_____
2. 부드러운   s_____
3. 틀린, 잘못된   w_____
4. 국가, 나라   n_____
5. ~의 뒤에   b_____

6. 정상, 맨 위   t_____
7. 청소하다, 깨끗한   c_____
8. 점프하다, 뛰다   j_____
9. 귀, 청각   e_____
10. 질문   q_____

B. Missing Words

jump   behind   question   wrong   goal

1.

   I have a _____.
   저는 질문이 있어요.

2.

   The little girl loves to _____.
   그 어린 여자아이는 점프하는 걸 좋아한다.

304

3.

You're going in the _____ direction.
당신은 잘못된 방향으로 가고 있어요.

4.

The mouse is hiding _____ the box.
그 쥐는 상자 뒤에 숨어 있다.

5.

I always do my best to reach my _____.
나는 내 목표를 달성하기 위해 항상 최선을 다한다.

C. Crossword

5

4

| 1 | | |

| 2 | |

| 3 | | | |

ACROSS

1. 정상, 맨 위

2. 귀, 청각

3. 국가, 나라

DOWN

4. 부드러운

5. 청소하다, 깨끗한

Word Plus⁺

731 ★★☆

believe [bilíːv] 동 믿다, 생각하다, 여기다

can't believe it
그것을 믿을 수 없다

She believes that he is safe.
그녀는 그가 안전할 것이라 믿는다.

유의어
think 생각하다

명 belief 믿음

732 ★☆☆

clear [kliər] 형 ① 맑은 ② 분명한
동 치우다

very clear 아주 맑은
The water was so clear that we could drink it.
그 물은 아주 맑아서 우리가 마실 수 있었다.

연관어
clean 청소하다
sunny 맑은
blur 흐릿해지다, 흐릿한 형체

733 ★★☆

early [ə́ːrli] 부 일찍, 빨리
형 이른, 빠른

wake up early
일찍 일어나다

I got up early today.
나는 오늘 일찍 일어났다.

반의어
late 늦은

734 ★★☆

god [gad] 명 하느님, 신

the story about the gods
신들에 관한 이야기

I believe in God.
나는 신을 믿는다.

연관어
religion 종교

735 ★★☆

just [dʒʌst] 부 ① 방금 ② 바로 ③ 단지

just finished it
그것을 방금 끝냈다

She just arrived on time.
그녀는 방금 정각에 도착했어.

연관어
already 이미, 벌써

Check Check A

1. 맑은 날씨 _____ weather

2. 일찍 도착하다 arrive _____

3. 고대 그리스 신들 the ancient Greek _____s

4. 방금 돌아왔다 _____ came back

5. 나는 그것을 믿지 않아. I don't _____ it.

736
★★☆

nature [néitʃər] 명 ① 자연 ② 본성

the forces of nature
자연의 힘

Look at the beauty of nature.
자연의 아름다움을 좀 봐.

environment 환경

형 natural 자연의,
당연한

737
★★☆

quiet [kwáiət] 형 조용한

be quiet
조용히 하다

You need to be quiet in the library.
너는 도서관에서 조용히 해야 해.

noisy 시끄러운
부 quietly 조용하게

quite(아주, 꽤)와 철자가
비슷합니다.

738
★★☆

software [sɔ́:ftwɛər] 명 소프트웨어

a software company
소프트웨어 회사

I'm aware of many software programs.
나는 많은 소프트웨어 프로그램을 알고 있다.

hardware 하드웨어
computer program
컴퓨터 프로그램

739
★★☆

touch [tʌʧ] 동 ① 만지다 ② 감동시키다

touch the ball
공을 만지다

I will touch the basketball before buying one.
나는 구입 전에 농구공을 만져 볼 것이다.

contact 접촉하다

740
★★☆

year [jiər] 명 ① 해, 년(연) ② 학년

last year
작년(에)

There are four seasons in a year.
1년에 4개의 계절이 있다.

day 날, 일
week 주
month 달, 월

Check Check B

1. 내년(에) next _____

2. 그것을 만지지 마. Don't _____ it.

3. 조용한 장소 a _____ place

4. 아름다운 자연 the beautiful _____

5. 교육용 소프트웨어 educational _____

DAY 74 Review

1. 만지다   t_____   6. 방금, 바로, 단지   j_____

2. 일찍, 빨리   e_____   7. 해, 년(연), 학년   y_____

3. 조용한   q_____   8. 믿다, 생각하다   b_____

4. 맑은, 분명한   c_____   9. 자연, 본성   n_____

5. 소프트웨어   s_____   10. 하느님, 신   g_____

◀ B. Missing Words ▶

| software | early | quiet | believe | nature |

1.

I got up _____ today.
나는 오늘 일찍 일어났다.

2.

She _____s that he is safe.
그녀는 그가 안전할 것이라 믿는다.

308

3.

Look at the beauty of _____.

자연의 아름다움을 좀 봐.

4.

You need to be _____ in the library.

너는 도서관에서 조용히 해야 해.

5.

I'm aware of many _____ programs.

나는 많은 소프트웨어 프로그램을 알고 있다.

C. Word Search

```
f p x l v c v
j y w n b l h
u f k f b e d
s g t e y a z
t o u c h r t
k d p y e a r
```

ACROSS

1. 만지다: _____

2. 해, 년(연), 학년: _____

DOWN

3. 방금, 바로, 단지: _____

4. 하느님, 신: _____

5. 맑은, 분명한, 치우다: _____

Word Plus⁺

741
★☆☆

bell [bel]

명 종, 초인종

연관어
ring 울리다
sound 소리

ring the bell
초인종을 누르다

The school bell rang.
학교 종이 울렸다.

742
★★☆

clever [klévər]

형 영리한, 똑똑한

유의어
smart 똑똑한

반의어
stupid 멍청한

a clever boy
똑똑한 남자아이

The boy is so clever.
그 남자아이는 아주 영리하다.

743
★★☆

earth [əːrθ]

명 지구

연관어
sun 태양
moon 달
star 별
space 우주

live on Earth
지구에 살다

The earth moves around the sun.
지구는 태양 주위를 공전한다.

744
★☆☆

gold [gould]

명 금 형 금으로 만든

연관어
silver 은
bronze 동
medal 메달

win a gold medal
금메달을 따다

The box was filled with gold bars.
그 상자는 골드바로 가득 차 있었다.

745
★★☆

keep [kiːp]

동 ① 계속하다 ② (상태를) 유지하다
③ 보관하다

숙어
keep ~ing
계속해서 ~하다

불규칙동사
(현재) keep
(과거) kept
(과거분사) kept

keep doing it
그것을 계속하다

I'll keep counting the days until your birthday.
나는 네 생일까지 계속해서 날짜를 셀 거야.

Check Check A

1. 똑똑한 아이 a _____ kid

2. 금으로 만들어진 made of _____

3. 그것을 여기에 보관하다 _____ it here

4. 지구를 구하다 save the _____

5. 종이 울리고 있다. The _____ is ringing.

746
★★☆

near [niər]

전 ~의 가까이에
부 가까이

near **the house**
그 집 근처에

They live near **each other.**
그들은 서로 가까이 산다.

반의어
far 멀리 있는

연관어
nearby 근처에

747
★☆☆

quick [kwik]

형 빠른

very quick
아주 빠른

Jenny is a quick **runner.**
Jenny는 빠른 주자이다.

유의어
fast 빠른, 빠르게

반의어
slow 느린

부 quickly 빠르게

748
★★☆

some [sʌm]

형 약간의, 일부의
대 조금

some **snacks**
약간의 간식

I **have** some **rice cake.**
나에게 떡이 조금 있다.

보통 긍정문에서는 some
을, 부정문과 의문문에서는
any를 주로 사용합니다.

749
★★☆

town [taun]

명 작은 도시, 시내, 마을

visit **the** town
그 마을을 방문하다

I **live in a small** town.
나는 작은 도시에 산다.

연관어
city 도시
country 시골, 국가
downtown 다운타운,
시내에

750
★☆☆

yellow [jélou]

명 노란색 형 노란색의

a **bright** yellow **flower**
밝은 노란색 꽃

She **always wears a** yellow **skirt.**
그녀는 언제나 노란색 치마를 입는다.

연관어
red 빨간색(의)
blue 파란색(의)
green 초록색(의)

Word Plus⁺

Check Check B

1. 그 작은 도시에 산다 live in the _____

2. 음식이 조금 필요하다 need _____ food

3. 공항 근처에 살다 live _____ the airport

4. 학습이 빠른 학생 a _____ learner

5. 노란색 종이를 사용하다 use _____ paper

311

DAY 75 Review

A. Korean to English

1. 약간의, 일부의   s_____   6. 금, 금으로 만든   g_____

2. 지구   e_____   7. 작은 도시, 시내   t_____

3. ~의 가까이에   n_____   8. 영리한, 똑똑한   c_____

4. 노란색   y_____   9. 계속하다   k_____

5. 종, 초인종   b_____   10. 빠른   q_____

B. Missing Words

| near | bell | some | gold | town |

1.

I have _____ rice cake.
나에게 떡이 조금 있다.

2.

The school _____ rang.
학교 종이 울렸다.

312

3.

I live in a small _____.

나는 작은 도시에 산다.

4.

They live _____ each other.

그들은 서로 가까이 산다.

5.

The box was filled with _____ bars.

그 상자는 골드바로 가득 차 있었다.

C. Unscramble

	단어	뜻
1. <u>e p e k</u>	k □ □ □	_____
2. <u>c u k i q</u>	q □ □ □ □	_____
3. <u>r e t h a</u>	e □ □ □ □	_____
4. <u>v e c l e r</u>	c □ □ □ □ □	_____
5. <u>l e l o w y</u>	y □ □ □ □ □	_____

Word Plus⁺

751
★★★

below [bilóu]

전 ① ~아래에 ② ~이하의
부 아래에

below the horizon
수평선 아래로

The temperature dropped to below zero last night.
지난밤 기온이 영하로(0도 아래로) 떨어졌다.

반의어
above ~보다 위에

752
★★☆

climb [klaim]

동 오르다, 등반하다

climb the mountain   ※ b는 발음되지 않음
산을 오르다

She learned to climb the rock wall at the gym.
그녀는 체육관에서 바위 벽을 오르는 걸 배웠다.

연관어
hike 하이킹하다
mountain 산

명 climbing 등반

753
★★☆

east [i:st]

명 동쪽 형 동쪽의

in the east
동쪽에서

The sun rises in the east.
태양은 동쪽에서 뜬다.

연관어
west 서쪽(의)
south 남쪽(의)
north 북쪽(의)

754
★☆☆

good [gud]

형 좋은, 괜찮은

look good
좋아 보이다

You are a very good person.
당신은 아주 좋은 사람입니다.

유의어
great 멋진
excellent 훌륭한
awesome 굉장한

반의어
bad 나쁜

755
★☆☆

key [ki:]

명 ① 열쇠 ② 비결
형 중요한, 핵심적인

the key to success
성공의 비결

She found the key to the locked door.
그녀는 잠긴 문의 열쇠를 찾았다.

유의어
secret 비결, 비밀

연관어
lock 자물쇠

Check Check A

1. 사다리를 오르다 _____ the ladder

2. 내 열쇠를 잃어버렸다 lost my _____

3. 동서남북 _____, west, south, and north

4. 무릎 아래에 _____ the knee

5. 좋은 기회 a _____ opportunity

756 ★★☆

neck [nek]   명 목

on his neck
그의 목에

The giraffe has a long neck.
그 기린은 긴 목을 갖고 있다.

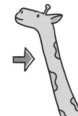

연관어
tie 넥타이
throat 목구멍

757 ★☆☆

quiz [kwiz]   명 ① 퀴즈 ② 시험

a reading comprehension quiz
읽기 이해력 퀴즈

He aced the math quiz with a perfect score.
그는 수학 퀴즈에서 만점이라는 높은 성적을 받았다.

유의어
test 시험

연관어
question 문제
prize 상

758 ★☆☆

son [sʌn]   명 아들

have a son
아들이 한 명 있다

Michael's son looks just like him.
Michael의 아들은 그를 꼭 닮았다.

연관어
daughter 딸
mother 어머니
father 아버지

759 ★☆☆

toy [tɔi]   명 장난감

a toy truck
장난감 트럭

There are a lot of toys in the box.
박스 안에 장난감이 많이 있다.

연관어
doll 인형

760 ★★☆

yes [jes]   감 응, 그래

Yes or no?
그렇다는 거야 아니라는 거야?

Yes, you're right.
응, 네 말이 맞아.

유의어
yeah/yep 응,그래

반의어
no/nope 아니

Check Check B

1. 장난감 자동차를 사다 buy a _____ car

2. 목에 느껴지는 고통 pain in the _____

3. 역사 퀴즈 a history _____

4. 응, 나는 그래. _____, I am.

5. 그는 내 아들이야. He is my _____.

DAY 76 Review

A. Korean to English

1. 퀴즈, 시험   q_____
2. 오르다, 등반하다   c_____
3. 응, 그래   y_____
4. 열쇠, 비결   k_____
5. 동쪽, 동쪽의   e_____

6. 좋은, 괜찮은   g_____
7. 목   n_____
8. ~아래에   b_____
9. 장난감   t_____
10. 아들   s_____

B. Missing Words

neck   below   good   climb   quiz

1.
You are a very _____ person.
당신은 아주 좋은 사람입니다.

2.
The giraffe has a long _____.
그 기린은 긴 목을 갖고 있다.

3.

He aced the math _____ with a perfect score.

그는 수학 퀴즈에서 만점이라는 높은 성적을 받았다.

4.

She learned to _____ the rock wall at the gym.

그녀는 체육관에서 바위 벽을 오르는 걸 배웠다.

5.

The temperature dropped to _____ zero last night.

지난밤 기온이 영하로(0도 아래로) 떨어졌다.

C. Crossword

1	5	

ACROSS

1. 열쇠, 비결, 중요한

2. 아들

3. 응, 그래

4. 장난감

DOWN

5. 동쪽, 동쪽의

Word Plus⁺

761 ★★☆

belt [belt]   명 허리띠, 벨트

연관어
seat belt 안전벨트

wear a belt
벨트를 매다

I bought a new belt for my father.
나는 우리 아빠에게 새 벨트를 하나 사 드렸다.

762 ★★☆

clock [klak]   명 (벽에 걸거나 실내에 두는) 시계

연관어
watch (손목)시계
alarm clock 알람 시계

the hands of the clock
시계의 바늘들

Look at the clock. It's five o'clock.
시계를 좀 봐. 다섯 시야.

763 ★☆☆

eat [iːt]   동 먹다

연관어
drink 마시다
swallow 삼키다

불규칙동사
(현재) eat
(과거) ate
(과거분사) eaten

want to eat something
무언가 먹고 싶다

I can eat this whole chicken.
나는 이 닭을 다 먹을 수 있어.

764 ★★☆

goodbye [gùdbái]   감 안녕(작별 인사), 잘 가

유의어
bye 잘 가, 안녕

Goodbye.
안녕.

I don't want to say goodbye.
나는 작별 인사를 말하고 싶지 않다.

765 ★★☆

kick [kik]   동 차다 명 차기

연관어
punch 주먹으로 치다

kick the ball
그 공을 차다

My little sister can kick hard.
내 여동생은 발차기를 세게 날릴 수 있다.

Check Check A

1. 잘 가, Sam. _____, Sam.

2. 피자를 먹고 싶다 want to _____ pizza

3. 내 알람 시계 my alarm _____

4. 축구공을 차다 _____ a soccer ball

5. 내 벨트를 느슨하게 하다 loosen my _____

766
★★★

need [niːd]

동 필요하다, ~할 필요가 있다

need your help
당신의 도움이 필요하다

Mom, I need your phone.
엄마, 제가 엄마 전화기가 좀 필요해요.

767
★☆☆

rabbit [rǽbit]

명 토끼

연관어
turtle 거북이

a pet rabbit
애완용 토끼

What a cute rabbit it is!
그건 참 귀여운 토끼이구나!

768
★☆☆

song [sɔːŋ]

명 노래

숙어
sing a song 노래를 부르다
write a song 작곡하다

listen to his new song
그의 새 노래를 듣다

Let's sing a song together.
함께 노래를 불러 보자.

769
★★☆

track [træk]

명 ① 경주로(트랙) ② 길
동 추적하다

연관어
path 길
trail 자국, 자취

track and field events
육상 경기

We're going to run on this track today.
우리는 오늘 이 트랙에서 달릴 것이다.

770
★★★

yesterday [jéstərdèi]

명 어제
부 어제

연관어
the day before yesterday 그저께
today 오늘
tomorrow 내일

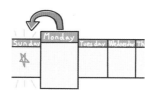

yesterday's meeting 어제 있었던 모임
Today is Monday, and yesterday was Sunday.
오늘은 월요일이고 어제는 일요일이었다.

Check Check B

1. 멋진 노래 a great _____

2. 나는 어제 아팠다. I was sick _____.

3. 농장으로 향하는 길 the _____ towards the farm

4. 돈이 조금 필요하다 _____ some money

5. 그 토끼의 부드러운 털 the _____'s soft fur

DAY 77 Review

A. Korean to English

1. 노래   s_____
2. 안녕(작별 인사)   g_____
3. 어제   y_____
4. 시계   c_____
5. 필요하다   n_____

6. 차다, 차기   k_____
7. 토끼   r_____
8. 허리띠, 벨트   b_____
9. 경주로(트랙), 길   t_____
10. 먹다   e_____

B. Missing Words

goodbye   track   clock   yesterday   rabbit

1.

What a cute _____ it is!
그건 참 귀여운 토끼이구나!

2.

I don't want to say _____.
나는 작별 인사를 말하고 싶지 않다.

3.

Look at the _____. It's five o'clock.

시계를 좀 봐. 다섯 시야.

4.

We're going to run on this _____ today.

우리는 오늘 이 트랙에서 달릴 것이다.

5.

Today is Monday, and _____ was Sunday.

오늘은 월요일이고 어제는 일요일이었다.

C. Word Search

b	m	o	d	b	m	e
k	i	c	k	e	e	z
p	p	z	s	l	a	o
o	o	n	o	t	t	b
g	s	s	n	e	e	d
x	c	q	g	b	r	o

ACROSS

1. 차다, 차기: _____

2. 필요하다: _____

DOWN

3. 노래: _____

4. 허리띠, 벨트: _____

5. 먹다: _____

Word Plus⁺

771 ★★★

beside [bisáid] 전 ~옆에

sit beside him
그 사람 옆에 앉다

The ball is right beside the box.
그 공은 상자 바로 옆에 있어.

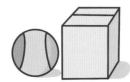

연관어
on ~위에
in ~안에
in front of ~앞에
behind ~뒤에

772 ★★☆

close [klouz]
동 닫다
형 ① 가까운 ② 친한

close the door
문을 닫다

You need to close the lid.
너는 뚜껑을 닫아야 해.

반의어
open 열다

형 closed 닫힌, 문을 닫은

773 ★☆☆

egg [eg] 명 알, 달걀

a boiled egg 삶은 달걀
The chef is going to make an omelet with fresh eggs.
요리사는 신선한 달걀로 오믈렛을 만들 것이다.

연관어
boiled egg 삶은 달걀
fried egg 달걀 프라이

774 ★★☆

grandfather [grǽndfàːðər]
명 할아버지
(=grandpa)

visit my grandfather
우리 할아버지를 방문하다

My grandfather has a gray mustache.
우리 할아버지는 회색 콧수염을 갖고 계신다.

연관어
grandmother
할머니(=grandma)
great-grandfather
증조할아버지

775 ★☆☆

kid [kid] 명 아이, 어린이

many kids
많은 아이들

Those kids look happy.
저 아이들은 행복해 보인다.

유의어
child 아이
children 아이들

연관어
boy 남자아이
girl 여자아이

Check Check A

1. 달걀 프라이 a fried _____

2. 영리한 아이 a smart _____

3. 강가에(옆에) _____ a river

4. 창문을 닫다 _____ the window

5. 그의 할아버지를 만나다 meet his _____

776 ★★☆

never [névər] 튄 결코 ~않다

never do it again
결코 그것을 다시 하지 않다

I'll never make such a stupid mistake again.
나는 결코 그런 어리석은 실수를 다시 하지 않을 것이다.

ever 언제든, 한번이라도

777 ★★☆

race [reis] 뗑 ① 경주 ② 인종
뙹 경주하다

win the race 경주에서 승리하다
He was first to arrive at the finish line in
the race.
그가 경주에서 결승선에 먼저 도착했다.

win 승리하다
finish line 결승선

778 ★★☆

sorry [sɔ́:ri] 녱 ① 미안한
② 유감스러운

sorry about that
그것에 대해 미안한(유감스러운)

I'm sorry I broke your favorite vase by accident.
내가 실수로 네가 제일 아끼던 꽃병을 깨서 미안해.

Sorry에 대한 대답은
"That's okay." 등으로
할 수 있습니다.

779 ★☆☆

train [trein] 뗑 기차 뙹 훈련하다

take a train
기차를 타다

We'll go to Busan by train.
우리는 부산을 기차로 갈 것이다.

bus 버스
subway 지하철
airplane 비행기

780 ★☆☆

you [ju:] 뒢 ① 너, 당신
② 너희, 당신들

you and I
너와 나

You're my best friend.
너는 내 최고의 친구야.

your 너의, 너희들의
[소유격]
yours 너의 것
[소유대명사]

Check Check B

1. 기차역 a _____ station

2. 다시는 그걸 하지 마. _____ do it again.

3. 너는 피자를 좋아하니? Do _____ like pizza?

4. 정말 미안해. I'm so _____.

5. 경주에서 승리하다 win the _____

DAY 78 Review

A. Korean to English

1. 기차, 훈련하다   t_____

2. 아이, 어린이   k_____

3. 닫다, 가까운   c_____

4. 미안한   s_____

5. 알, 달걀   e_____

6. ~옆에   b_____

7. 경주, 인종   r_____

8. 할아버지   g_____

9. 너, 당신, 너희   y_____

10. 결코 ~않다   n_____

B. Missing Words

race   kid   you   egg   grandfather

1.

_____'re my best friend.

너는 내 최고의 친구야.

2.

Those _____s look happy.

저 아이들은 행복해 보인다.

3.

My _____ has a gray mustache.

우리 할아버지는 회색 콧수염을 갖고 계신다.

4.

He was first to arrive at the finish line in the _____.

그가 경주에서 결승선에 먼저 도착했다.

5.

The chef is going to make an omelette with fresh _____s.

요리사는 신선한 달걀로 오믈렛을 만들 것이다.

C. Unscramble

	단어	뜻
1. <u>r i n a t</u>	t ☐ ☐ ☐ ☐	_____
2. <u>s e c o l</u>	c ☐ ☐ ☐ ☐	_____
3. <u>r o r y s</u>	s ☐ ☐ ☐ ☐	_____
4. <u>e v e r n</u>	n ☐ ☐ ☐ ☐	_____
5. <u>b e d s i e</u>	b ☐ ☐ ☐ ☐ ☐	_____

Word Plus⁺

781
★★★

between [bitwíːn]

전 ① [위치] ~의 사이에
② [시간] ~의 사이에

숙어

between A and B
A와 B 사이에

between Seoul and Incheon
서울과 인천 사이에

The ball is between the two boxes.
그 공은 두 개의 박스 사이에 있다.

782
★★☆

clothes [klouðz] 명 옷

연관어

shirt 셔츠
pants 바지
jacket 재킷
cloth 옷감, 천

stylish clothes
멋진 옷들

She went shopping and bought many clothes.
그녀는 쇼핑을 갔고 많은 옷을 샀다.

783
★★☆

eight [eit] 명 8, 여덟

연관어

eighteen 18
eighty 80

at eight o'clock
8시 정각에

This donut looks like the number eight.
이 도넛은 숫자 8처럼 생겼다.

784
★★☆

grape [greip] 명 포도

연관어

fruit 과일
kiwi 키위
banana 바나나
persimmon 감

a glass of grape juice
포도 주스 한 잔

I'd like to eat fresh grapes.
나는 신선한 포도를 먹고 싶다.

785
★☆☆

kill [kil] 동 죽이다

연관어

die 죽다
dead 죽은
live 살다
alive 살아 있는

kill the enemy
적군을 죽이다

I promise I won't kill spiders anymore.
내가 더 이상 거미를 죽이지 않겠다고 약속할게.

Check Check A

1. 내 옷을 입다 put on my _____

2. 포도 한 송이 a bunch of _____s

3. Tom과 Ron 사이에 _____ Tom and Ron

4. 8개월 동안 for _____ months

5. 모기를 죽이다 _____ a mosquito

786 ★☆☆

new [nju:] 형 새로운

buy a new one
새것을 구입하다

I bought a new teddy bear.
나는 새 곰 인형을 샀다.

brand new 완전 새것인

old 낡은, 나이 많은

---

787 ★☆☆

radio [réidiòu] 명 라디오

turn on the radio
라디오를 켜다

I enjoy listening to music on the radio.
나는 라디오로 음악을 듣는 것을 즐긴다.

television 텔레비전
(=TV)
listen to ~을 듣다
turn on/off
~을 켜다/끄다

---

788 ★★☆

sound [saund] 명 소리 동 들리다

sound good
좋게 들린다

The loud sound startled everyone.
그 큰 소리는 모두를 놀라게 했다.

taste ~한 맛이 나다
smell ~한 냄새가 나다

---

789 ★★☆

travel [trǽvəl] 동 여행하다 명 여행

travel around the world
세계를 여행하다

We're planning to travel to Canada.
우리는 캐나다로 여행할 계획이다.

trip 여행
journey 여행

---

790 ★★☆

young [jʌŋ] 형 어린, 젊은

a young student 어린 학생
The young girl should show respect to the elders.
그 어린 소녀는 노인들에게 존경심을 보여 줘야 한다.

old 나이 많은

Check Check B

1. 그 소리를 듣다 hear the _____

2. 여행하는 것을 좋아하다 love to _____

3. 어린 아이들 _____ children

4. 새 차를 사다 buy a _____ car

5. 라디오를 듣다 listen to the _____

DAY 79 Review

1. 라디오   r_____

2. 어린, 젊은   y_____

3. 옷   c_____

4. 포도   g_____

5. 소리, 들리다   s_____

6. 죽이다   k_____

7. 여행하다, 여행   t_____

8. 8, 여덟   e_____

9. 새로운   n_____

10. ~의 사이에   b_____

B. Missing Words

kill   clothes   travel   between   young

1.

The ball is _____ the two boxes.
그 공은 두 개의 박스 사이에 있다.

2.

We're planning to _____ to Canada.
우리는 캐나다로 여행할 계획이다.

정답: 373쪽

3.

I promise I won't _____ spiders anymore.

내가 더 이상 거미를 죽이지 않겠다고 약속할게.

4.

She went shopping and bought many _____.

그녀는 쇼핑을 갔고 많은 옷을 샀다.

5.

The _____ girl should show respect to the elders.

그 어린 소녀는 노인들에게 존경심을 보여 줘야 한다.

C. Crossword

ACROSS

1. 8, 여덟

2. 라디오

3. 새로운

DOWN

4. 포도

5. 소리, 들리다

Word Plus⁺

791
★☆☆

big [big]　　형 큰, 커다란

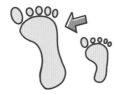

live in a big house
큰 집에서 산다

Dad's feet are so big compared to mine.
아빠의 발은 내 것에 비해 아주 크다.

유의어
large 큰, 넓은
huge 거대한

반의어
small 작은
tiny 아주 작은

792
★★☆

cloud [klaud]　　명 구름

rain clouds
비구름

Look at the beautiful clouds.
저 아름다운 구름을 좀 봐.

연관어
sky 하늘
sun 태양

형 cloudy 흐린, 구름 낀

793
★★☆

elephant [éləfənt]　명 코끼리

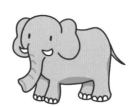

a gentle elephant
온순한 코끼리

A huge elephant is wandering.
거대한 코끼리 한 마리가 거닐고 있다.

연관어
tusk 코끼리의 엄니(상아)
zoo 동물원
jungle 정글

794
★★☆

grass [græs]　　명 ① 풀 ② 잔디

sit on the grass
풀밭에 앉다

I want to lie down on the grass.
나는 잔디밭에 눕고 싶다.

연관어
mow (잔디를) 깎다

795
★☆☆

kind [kaind]　　형 친절한 명 종류

a kind woman
친절한 여성

Cindy is so kind that everyone loves her.
Cindy는 아주 친절해서 모두가 그녀를 좋아한다.

유의어
type 유형

숙어
a kind of 일종의 ~

Check Check A

1. 많은 구름 a lot of _____s

2. 잔디를 깎다 cut the _____

3. 커다란 스크린 a _____ screen

4. 아기 코끼리를 보다 see a baby _____

5. 친절한 남자를 만나다 meet a _____ man

796 ★★☆

news [nju:z]   몡 ① 소식 ② 뉴스

hear the news
소식을 듣다

I was surprised when I heard the news.
내가 그 소식을 들었을 때 깜짝 놀랐다.

연관어
newspaper 신문

---

797 ★☆☆

rain [rein]   몡 비가 오다 몡 비

rain heavily
비가 아주 많이 오다

It has been raining for three days.
3일 동안 비가 내리고 있다.

연관어
snow 눈(이 오다)
rainbow 무지개

혱 rainy 비가 오는

---

798 ★★☆

soup [su:p]   몡 수프

eat a bowl of soup
수프 한 그릇을 먹다

This is my favorite soup.
이건 내가 제일 좋아하는 수프이다.

연관어
salad 샐러드
bowl (우묵한) 그릇

---

799 ★☆☆

tree [tri:]   몡 나무

plant many trees
많은 나무를 심다

The trees provide a cool shade on hot days.
그 나무들이 더운 날에 시원한 그늘을 제공한다.

유의어
wood 나무

연관어
forest 숲

---

800 ★★☆

zoo [zu:]   몡 동물원

at the zoo
동물원에서

We had a fun day exploring the local zoo.
우리는 지역 동물원을 탐험하면서 재미있는 하루를 보냈다.

연관어
tiger 호랑이
lion 사자
monkey 원숭이
hippo 하마

Check Check B

1. 좋은 소식 good _____

2. 동물원으로 가다 go to the _____

3. 곧 비가 올 것이다 will _____ soon

4. 그 나무 아래에 앉다 sit under the _____

5. 닭고기 수프를 만들다 make chicken _____

331

DAY 80 Review

1. 수프   s_____   6. 코끼리   e_____

2. 큰, 커다란   b_____   7. 소식, 뉴스   n_____

3. 친절한, 종류   k_____   8. 나무   t_____

4. 동물원   z_____   9. 구름   c_____

5. 풀, 잔디   g_____   10. 비가 오다, 비   r_____

B. Missing Words

soup	grass	kind	elephant	news

1.

This is my favorite _____.

이건 내가 제일 좋아하는 수프이다.

2.

A huge _____ is wandering.

거대한 코끼리 한 마리가 거닐고 있다.

3.

I want to lie down on the _____.

나는 잔디밭에 눕고 싶다.

4.

I was surprised when I heard the _____.

내가 그 소식을 들었을 때 깜짝 놀랐다.

5.

Cindy is so _____ that everyone loves her.

Cindy는 아주 친절해서 모두가 그녀를 좋아한다.

C. Word Search

```
r w t r e e c
a v x c c b h
i q z l k i m
n z o o s g z
i g f u c i f
b z e d h x e
```

ACROSS

1. 나무: _____

2. 동물원: _____

DOWN

3. 비가 오다, 비: _____

4. 구름: _____

5. 큰, 커다란: _____

정답

DAY 1

Check Check A

1. I
2. gray/grey
3. club
4. a/one
5. bike/bicycle

Check Check B

1. newspaper
2. king
3. read
4. trip
5. south

A. Korean to English

1. newspaper
2. I
3. south
4. bike/bicycle
5. read
6. trip
7. gray/grey
8. king
9. a/an
10. club

B. Missing Words

1. I
2. an
3. bike
4. south
5. newspaper

C. Crossword

```
        4
        t
        r        1
        r    5   c  l  u  b
2   k   i   n   g
        p    3   r  e  a  d
        a
        y
```

DAY 2

Check Check A

1. great
2. about
3. bill
4. end
5. coat

Check Check B

1. truck
2. ready
3. next
4. kiss
5. space

A. Korean to English

1. next
2. end
3. truck
4. bill
5. space
6. coat
7. kiss
8. about
9. ready
10. great

B. Missing Words

1. coat
2. space
3. great
4. truck
5. end

C. Word Search

```
b  z  n  j  n  v  k
i  r  e  a  d  y  l
l  k  x  v  z  f  s
l  i  t  i  g  d  o
b  s  z  v  u  m  b
g  s  a  b  o  u  t
```

1. read
2. about
3. bill
4. kiss
5. next

DAY 3

Check Check A

1 coffee　　2 energy　　3 above
4 bird　　5 green

Check Check B

1 true　　2 nice　　3 recreation
4 spaghetti　　5 kitchen

A. Korean to English

1 green　　2 recreation　　3 above
4 nice　　5 coffee　　6 kitchen
7 bird　　8 true　　9 energy
10 spaghetti

B. Missing Words

1 spaghetti　　2 energy　　3 recreation
4 coffee　　5 kitchen

C. Unscramble

1 bird, 새

2 true, 사실의, 진짜의

3 nice, 좋은, 친절한

4 above, ~보다 위에(위로), 위에

5 green, 녹색(의), 초록색(의)

DAY 4

Check Check A

1 birth　　2 ground　　3 across
4 cold　　5 enough

Check Check B

1 night　　2 try　　3 speak
4 knife　　5 red

A. Korean to English

1 enough　　2 speak　　3 cold
4 red　　5 knife　　6 birth
7 night　　8 try　　9 across
10 ground

B. Missing Words

1 enough　　2 speak　　3 birth
4 ground　　5 across

C. Crossword

```
        3                    4
        k                    c
        n          5         o
1  n  i  g  h  t              l
        f          2  r  e  d
        e                y
```

335

DAY 5

Check Check A

1 collect 2 act 3 group

4 biscuit 5 enter

Check Check B

1 remember 2 nine 3 turn

4 speed 5 know

A. Korean to English

1 enter 2 remember 3 turn

4 act 5 know 6 speed

7 biscuit 8 group 9 nine

10 collect

B. Missing Words

1 enter 2 remember 3 speed

4 biscuit 5 collect

C. Word Search

u	s	q	k	n	o	w
n	l	t	g	h	b	b
i	s	u	j	z	j	m
n	g	r	o	u	p	l
e	v	n	k	g	x	y
j	t	a	c	t	o	h

1 know
2 group
3 act
4 nine
5 turn

DAY 6

Check Check A

1 black 2 college 3 eveni

4 grow 5 add

Check Check B

1 twelve 2 no 3 resto

4 lady 5 spoon

A. Korean to English

1 no 2 twelve 3 add

4 grow 5 restaurant 6 black

7 spoon 8 evening 9 lady

10 college

B. Missing Words

1 No 2 restaurant 3 add

4 college 5 evening

C. Unscramble

1 lady, 여자, 숙녀

2 grow, 자라다, 키우다, 기르다

3 black, 검은, 어두운, 검은색, 어둠

4 spoon, 숟가락

5 twelve, 12, 열둘

Check Check A

1 guess 2 every 3 blood
4 color 5 address

Check Check B

1 twenty 2 north 3 lake
4 restroom 5 sport

A. Korean to English

1 north 2 address 3 sport
4 color 5 restroom 6 twenty
7 every 8 blood 9 lake
10 guess

B. Missing Words

1 Every 2 twenty 3 restroom
4 color 5 address

C. Crossword

```
              3                    4
              g        5           n
              u        b           o
  l  a  k  e           l           r
           2  s  p  o  r  t
              s        o           h
                       d
```

Check Check A

1 adult 2 come 3 example
4 guitar 5 blue

Check Check B

1 land 2 twenty-first 3 spring
4 return 5 nose

A. Korean to English

1 return 2 come 3 twenty-first
4 blue 5 land 6 adult
7 nose 8 guitar 9 spring
10 example

B. Missing Words

1 guitar 2 twenty-first 3 return
4 spring 5 example

C. Word Search

```
t  h  o  h  c  p  a
c  o  q  n  i  f  d
o  b  l  u  e  i  u
m  g  l  a  n  d  l
e  y  r  u  j  p  t
n  o  s  e  e  k  c
```

1 blue
2 land
3 nose
4 come
5 adult

337

DAY 9

Check Check A

1 exercise 2 comic 3 gum

4 afraid 5 board

Check Check B

1 ribbon 2 staff 3 second

4 large 5 not

A. Korean to English

1 comic 2 ribbon 3 gum

4 staff 5 afraid 6 large

7 twenty-second 8 board 9 not

10 exercise

B. Missing Words

1 not 2 board 3 exercise

4 gum 5 twenty-second

C. Unscramble

1 staff, 직원

2 large, 큰, 많은

3 comic, 웃기는, 재미있는

4 ribbon, 리본

5 afraid, 두려워하는

DAY 10

Check Check A

1 after 2 company 3 eye

4 guy 5 boat

Check Check B

1 rich 2 stand 3 third

4 laser 5 note

A. Korean to English

1 laser 2 twenty-third 3 boat

4 note 5 company 6 rich

7 eye 8 stand 9 guy

10 after

B. Missing Words

1 rich 2 company 3 laser

4 guy 5 twenty-third

C. Crossword

```
        3         4
        n         s
1  b  o  a  t              5
        t    2  a  f  t  e  r
        e         n         y
        d                   e
```

DAY 11

Check Check A

1 body
2 afternoon
3 habit
4 face
5 compute

Check Check B

1 right
2 twice
3 notebook
4 star
5 last

A. Korean to English

1 twice
2 habit
3 afternoon
4 notebook
5 compute
6 body
7 star
8 last
9 face
10 right

B. Missing Words

1 right
2 afternoon
3 notebook
4 compute
5 habit

C. Word Search

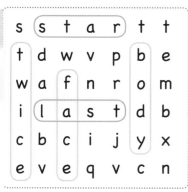

1 star
2 last
3 twice
4 face
5 body

DAY 12

Check Check A

1 bone
2 condition
3 fact
4 again
5 hair

Check Check B

1 two
2 start
3 nothing
4 late
5 ring

A. Korean to English

1 ring
2 condition
3 start
4 bone
5 late
6 nothing
7 again
8 hair
9 two
10 fact

B. Missing Words

1 nothing
2 again
3 Two
4 late
5 condition

C. Unscramble

1 hair, 머리카락
2 fact, 사실
3 ring, 반지, (종 등이) 울리다, 누르다
4 bone, 뼈
5 start, 시작(하다), 출발(하다)

DAY 13

Check Check A

1 book 2 against 3 congratulate

4 fail 5 hamburger

Check Check B

1 lazy 2 river 3 now

4 type 5 stay

A. Korean to English

1 lazy 2 type 3 congratulate

4 stay 5 fail 6 book

7 now 8 hamburger 9 river

10 against

B. Missing Words

1 river 2 congratulate 3 lazy

4 against 5 hamburger

C. Crossword

④
n

① b o o k   ②⑤ t y p e

w   s

t

③ f a i l

y

DAY 14

Check Check A

1 fall 2 hand 3 age

4 borrow 5 control

Check Check B

1 road 2 learn 3 steak

4 ugly 5 number

A. Korean to English

1 road 2 number 3 fall

4 borrow 5 steak 6 hand

7 age 8 ugly 9 contr

10 learn

B. Missing Words

1 number 2 borrow 3 learn

4 steak 5 control

C. Word Search

h	h	a	g	e	c	m
z	a	b	n	h	x	g
t	n	k	t	l	g	r
a	d	f	a	l	l	o
e	u	g	l	y	g	a
b	l	o	v	f	q	d

1 age
2 fall
3 ugly
4 hand
5 road

Check Check A

1 both   2 cook   3 ago

4 hang   5 family

Check Check A

1 cookie   2 agree   3 happy

4 bottle   5 fan

Check Check B

1 nurse   2 robot   3 umbrella

4 left   5 stone

Check Check B

1 leg   2 uncle   3 stop

4 rock   5 of

A. Korean to English

1 cook   2 left   3 ago

4 stone   5 family   6 robot

7 hang   8 umbrella   9 nurse

10 both

A. Korean to English

1 bottle   2 stop   3 of

4 cookie   5 rock   6 fan

7 agree   8 uncle   9 happy

10 leg

B. Missing Words

1 both   2 ago   3 stone

4 umbrella   5 nurse

B. Missing Words

1 stop   2 fan   3 agree

4 of   5 happy

C. Unscramble

1 left, 왼쪽의, 왼쪽

2 cook, 요리하다, 요리사

3 hang, 걸다, 매달다, 걸리다

4 robot, 로봇

5 family, 가족

C. Crossword

		3				4
		r				l
5 u	1 b	o	t	t	l	e
n		c				g
2 c	o	o	k	i	e	
l						
e						

DAY 17

Check Check A

1 far　　2 ahead　　3 hard
4 cool　　5 bottom

Check Check B

1 store　　2 under　　3 lesson
4 room　　5 off

A. Korean to English

1 hard　　2 store　　3 cool
4 lesson　　5 ahead　　6 off
7 bottom　　8 under　　9 far
10 room

B. Missing Words

1 ahead　　2 bottom　　3 under
4 lesson　　5 store

C. Word Search

1 cool
2 far
3 hard
4 room
5 off

DAY 18

Check Check A

1 farm　　2 box　　3 corner
4 hat　　5 air

Check Check B

1 story　　2 office　　3 understc
4 letter　　5 rose

A. Korean to English

1 farm　　2 letter　　3 underste
4 air　　5 rose　　6 office
7 box　　8 story　　9 corner
10 hat

B. Missing Words

1 understand　　2 hat　　3 box
4 air　　5 story

C. Unscramble

1 rose, 장미
2 farm, 농장
3 letter, 편지, 글자
4 office, 사무실
5 corner, 구석, 모서리, 길모퉁이

DAY 19

Check Check A

1 fast 2 airplane 3 cost
4 hate 5 boy

Check Check B

1 street 2 up 3 often
4 run 5 library

A. Korean to English

1 cost 2 hate 3 up
4 run 5 boy 6 library
7 street 8 fast 9 airplane
10 often

B. Missing Words

1 boy 2 run 3 library
4 airplane 5 up

C. Crossword

3 h

4 5 a
c o

o 1 f a s t

s t e

s t r e e t

n

DAY 20

Check Check A

1 brave 2 could 3 album
4 have 5 fat

Check Check B

1 strong 2 sad 3 lie
4 oil 5 use

A. Korean to English

1 brave 2 strong 3 lie
4 could 5 sad 6 fat
7 oil 8 album 9 use
10 have

B. Missing Words

1 brave 2 album 3 have
4 could 5 strong

C. Word Search

i y e w c d f
h m i d u s e
k h z z r a s
o i l i f d j
i g i u a h o
b j e j t y v

1 use
2 oil
3 lie
4 fat
5 sad

DAY 21

Check Check A

1 country 2 bread 3 father
4 he 5 all

Check Check B

1 study 2 safe 3 Okay
4 vegetable 5 life

A. Korean to English

1 father 2 vegetable 3 study
4 all 5 life 6 okay
7 bread 8 he 9 safe
10 country

B. Missing Words

1 father 2 He 3 study
4 vegetable 5 country

C. Unscramble

1 all, 모든, 모두
2 life, 인생, 생명
3 okay, 오케이, 그래, 응, 괜찮은
4 safe, 안전한, 금고
5 bread, 빵

DAY 22

Check Check A

1 couple 2 favorite 3 almost
4 break 5 head

Check Check B

1 very 2 style 3 light
4 old 5 salad

A. Korean to English

1 head 2 couple 3 style
4 light 5 break 6 old
7 almost 8 very 9 favor
10 salad

B. Missing Words

1 break 2 almost 3 favor
4 couple 5 light

C. Crossword

	1			
1 s	a	l	a	d
	t		4	
2 v	e	r	y	o
	l		l	
	3 h	e	a	d

DAY 23

Check Check A

1 heart   2 alone   3 course

4 feel   5 breakfast

Check Check B

1 like   2 sale   3 subway

4 on   5 video

A. Korean to English

1 feel   2 subway   3 like

4 breakfast   5 sale   6 alone

7 on   8 course   9 heart

10 video

B. Missing Words

1 heart   2 subway   3 alone

4 course   5 breakfast

C. Word Search

1 feel
2 on
3 video
4 sale
5 like

DAY 24

Check Check A

1 court   2 heat   3 festival

4 bridge   5 along

Check Check B

1 salt   2 line   3 violin

4 sugar   5 one

A. Korean to English

1 one   2 festival   3 sugar

4 court   5 line   6 violin

7 bridge   8 heat   9 salt

10 along

B. Missing Words

1 bridge   2 along   3 festival

4 violin   5 court

C. Unscramble

1 one, 1, 하나

2 salt, 소금

3 line, 선, 줄

4 heat, 열기, 뜨겁게 데우다

5 sugar, 설탕

DAY 25

Check Check A

1 bright   2 cousin   3 field

4 heavy   5 already

Check Check B

1 summer   2 only   3 lion

4 same   5 visit

A. Korean to English

1 same   2 lion   3 bright

4 visit   5 field   6 already

7 heavy   8 summer   9 cousin

10 only

B. Missing Words

1 cousin   2 already   3 summer

4 bright   5 field

C. Crossword

```
              4
              h
1  s  a  m  e       5
              a        l
          2  v  i  s  i  t
3  o  n  l  y       o
                    n
```

DAY 26

Check Check A

1 Hello   2 alright   3 bring

4 fight   5 cover

Check Check B

1 lip   2 open   3 sun

4 sand   5 voice

A. Korean to English

1 sun   2 fight   3 open

4 voice   5 bring   6 cover

7 lip   8 alright   9 hello

10 sand

B. Missing Words

1 alright   2 cover   3 fight

4 bring   5 voice

C. Word Search

```
h  e  l  l  o  v  d
e  j  i  s  y  b  o
a  e  p  a  g  i  p
q  s  k  n  q  o  e
p  j  b  d  g  v  n
h  p  a  x  s  u  n
```

1 hello
2 sun
3 lip
4 sand
5 open

DAY 27

Check Check A

1 cow　　2 also　　3 file
4 brother　　5 helmet

Check Check B

1 listen　　2 sandwich　　3 or
4 wait　　5 sure

A. Korean to English

1 cow　　2 sure　　3 helmet
4 or　　5 brother　　6 listen
7 sandwich　　8 also　　9 wait
10 file

B. Missing Words

1 brother　　2 listen　　3 helmet
4 or　　5 sandwich

C. Unscramble

1 cow, 암소, 젖소
2 file, 파일, 정보
3 also, 또한, ~도
4 wait, 기다리다
5 sure, 확신하는

DAY 28

Check Check A

1 brown　　2 always　　3 crayon
4 help　　5 fill

Check Check B

1 little　　2 wake　　3 save
4 orange　　5 swim

A. Korean to English

1 little　　2 save　　3 crayon
4 wake　　5 always　　6 help
7 brown　　8 swim　　9 fill
10 orange

B. Missing Words

1 always　　2 orange　　3 little
4 fill　　5 brown

C. Crossword

		4			
		s			
5/1 c	r	a	y	o	n
s		v			
2 w	a	k	e		
i		3 h	e	l	p
m					

DAY 29

Check Check A

1 here 2 film 3 and
4 brush 5 cream

Check Check B

1 live 2 out 3 walk
4 say 5 table

A. Korean to English

1 say 2 cream 3 live
4 table 5 brush 6 film
7 out 8 and 9 walk
10 here

B. Missing Words

1 walk 2 here 3 brush
4 cream 5 table

C. Word Search

```
f i l m d a x
n n n a n d q
y o s i a q s
z b y q e o a
l i v e y u y
k l d e x t h
```

1 film
2 and
3 live
4 out
5 say

DAY 30

Check Check A

1 find 2 cross 3 anima
4 build 5 hero

Check Check B

1 tail 2 school 3 wall
4 long 5 over

A. Korean to English

1 school 2 animal 3 tail
4 long 5 find 6 cross
7 over 8 hero 9 build
10 wall

B. Missing Words

1 animal 2 school 3 wall
4 cross 5 build

C. Unscramble

1 tail, 꼬리, (동전의) 뒷면
2 find, 찾다, 발견하다
3 long, 긴, 오랜, 오랫동안
4 over, ~위에, ~너머로, 건너서
5 hero, 영웅, 히어로

Check Check A

1 another 2 high 3 fine
4 cry 5 burn

Check Check B

1 science 2 take 3 look
4 page 5 want

A. Korean to English

1 page 2 fine 3 take
4 another 5 look 6 burn
7 want 8 high 9 science
10 cry

B. Missing Words

1 page 2 another 3 look
4 science 5 high

C. Crossword

4
p
1 t a k e 5
g w
f i n e a
3 b u r n
t

DAY 32

Check Check A

1 culture 2 answer 3 bus
4 finger 5 hike

Check Check B

1 scissors 2 love 3 War
4 paint 5 talk

A. Korean to English

1 hike 2 war 3 culture
4 talk 5 answer 6 paint
7 bus 8 love 9 finger
10 scissors

B. Missing Words

1 answer 2 paint 3 finger
4 culture 5 scissors

C. Word Search

d d j d l d s
a k z h i k e
t a l k b f l
e m u t u w o
q y a v s w v
m h n w a r e

1 hike
2 talk
3 war
4 bus
5 love

349

DAY 33

Check Check A

1 cup
2 finish
3 hill
4 business
5 any

Check Check B

1 tall
2 score
3 low
4 warm
5 pants

A. Korean to English

1 score
2 cup
3 warm
4 business
5 finish
6 low
7 any
8 tall
9 hill
10 pants

B. Missing Words

1 any
2 cup
3 warm
4 business
5 tall

C. Unscramble

1 low, 낮은, 낮게
2 hill, 언덕
3 pants, 바지
4 score, 득점, 점수
5 finish, 끝내다, 끝나다

DAY 34

Check Check A

1 curtain
2 busy
3 apart
4 fire
5 history

Check Check B

1 luck
2 wash
3 paper
4 sea
5 tape

A. Korean to English

1 sea
2 apartment
3 tape
4 paper
5 curtain
6 fire
7 luck
8 busy
9 wash
10 history

B. Missing Words

1 apartment
2 fire
3 curta
4 paper
5 wash

C. Crossword

4
b
1 | l | u | c
5
s
2 | h | i | s | t | o | r | y
e
3 | t | a | p | e

DAY 35

Check Check A

1 hit 2 first 3 customer
4 apple 5 but

Check Check B

1 taste 2 watch 3 parent
4 season 5 lunch

A. Korean to English

1 parent 2 customer 3 watch
4 hit 5 but 6 first
7 taste 8 apple 9 season
10 lunch

B. Missing Words

1 parent 2 customer 3 season
4 taste 5 first

C. Word Search

1 hit
2 lunch
3 apple
4 but
5 watch

DAY 36

Check Check A

1 hobby 2 fish 3 area
4 cut 5 butter

Check Check B

1 taxi 2 park 3 water
4 mad 5 second

A. Korean to English

1 taxi 2 cut 3 mad
4 water 5 fish 6 butter
7 hobby 8 second 9 area
10 park

B. Missing Words

1 fish 2 mad 3 cut
4 second 5 park

C. Unscramble

1 taxi, 택시
2 area, 지역, 구역
3 hobby, 취미
4 water, 물, 물을 주다
5 butter, 버터

정답

DAY 37

Check Check A

1 dance 2 button 3 arm
4 five 5 hold

Check Check B

1 see 2 watermelon 3 teach
4 mail 5 part

A. Korean to English

1 see 2 hold 3 arm
4 teach 5 five 6 mail
7 button 8 watermelon 9 dance
10 part

B. Missing Words

1 five 2 see 3 button
4 part 5 watermelon

C. Crossword

```
      4            5
      m            t
1 d a n c e
      i        2 a r m
      l            c
            3 h o l d
```

DAY 38

Check Check A

1 danger 2 holiday 3 arour
4 fix 5 buy

Check Check B

1 partner 2 make 3 way
4 sell 5 team

A. Korean to English

1 make 2 danger 3 team
4 buy 5 holiday 6 arou
7 sell 8 fix 9 way
10 partner

B. Missing Words

1 partner 2 buy 3 arou
4 danger 5 holiday

C. Word Search

```
t w o i m q e
e l z n w a y
a h h m g p h
m i n a f i x
t k x k y d q
y x s e l l p
```

1 way
2 fix
3 sell
4 tea
5 mak

DAY 39

Check Check A

1 dark   2 floor   3 home

4 arrive   5 by

Check Check B

1 (tele)phone   2 party   3 man

4 send   5 we

A. Korean to English

1 home   2 party   3 by

4 telephone   5 floor   6 dark

7 we   8 man   9 arrive

10 send

B. Missing Words

1 telephone   2 We   3 arrive

4 man   5 by

C. Unscramble

1 dark, 어두운, 어둠

2 send, 보내다

3 home, 집, 고향, 집에(으로)

4 floor, 바닥, 층

5 party, 파티, 정당, 단체

DAY 40

Check Check A

1 homework   2 cake   3 flower

4 date   5 art

Check Check B

1 wear   2 pass   3 television

4 service   5 many

A. Korean to English

1 wear   2 art   3 homework

4 pass   5 cake   6 service

7 date   8 many   9 flower

10 television

B. Missing Words

1 flower   2 many   3 homework

4 service   5 television

C. Crossword

		3		4		5
		p		w		d
1	c	a	k	e		a
		s	2	a	r	t
		s		r		e

DAY 41

Check Check A

1 as
2 fly
3 honest
4 call
5 daughter

Check Check B

1 seven
2 map
3 weather
4 pay
5 tell

A. Korean to English

1 fly
2 weather
3 as
4 map
5 call
6 pay
7 seven
8 honest
9 daughter
10 tell

B. Missing Words

1 weather
2 daughter
3 as
4 Seven
5 honest

C. Word Search

1 pay
2 call
3 fly
4 map
5 tell

DAY 42

Check Check A

1 camera
2 day
3 ask
4 focus
5 hope

Check Check B

1 set
2 ten
3 pen
4 website
5 Marathon

A. Korean to English

1 pen
2 camera
3 hope
4 website
5 day
6 focus
7 set
8 marathon
9 ask
10 ten

B. Missing Words

1 marathon
2 ask
3 pen
4 day
5 set

C. Unscramble

1 ten, 10, 열
2 hope, 희망하다, 희망
3 focus, 집중하다, 초점
4 camera, 사진기, 카메라
5 website, 웹사이트

DAY 43

Check Check A

Check Check A

1. horse
2. at
3. dead
4. camp
5. food

Check Check B

1. market
2. She
3. tennis
4. pencil
5. wedding

A. Korean to English

1. food
2. she
3. wedding
4. at
5. market
6. pencil
7. camp
8. horse
9. tennis
10. dead

B. Missing Words

1. tennis
2. She
3. at
4. wedding
5. market

C. Crossword

```
        4            5
        f            p
 1  h  o  r  s  e
        o            n
 d  e  a  d      3  c  a  m  p
                     i
                     l
```

DAY 44

Check Check A

1. death
2. campaign
3. fool
4. hospital
5. aunt

Check Check B

1. week
2. ship
3. people
4. marry
5. tent

A. Korean to English

1. ship
2. fool
3. marry
4. campaign
5. week
6. hospital
7. aunt
8. tent
9. death
10. people

B. Missing Words

1. marry
2. hospital
3. people
4. campaign
5. death

C. Word Search

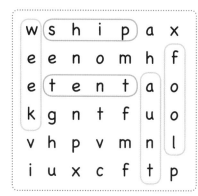

1. ship
2. tent
3. week
4. aunt
5. fool

355

정답

Check Check A

1 foot　　　2 hot　　　3 can

4 autumn　　5 decide

Check Check B

1 test　　　2 piano　　3 weekend

4 math　　　5 shirt

A. Korean to English

1 math(mathematics)　2 decide　3 weekend

4 can　　5 shirt　　6 hot

7 test　　8 autumn　　9 piano

10 foot

B. Missing Words

1 hot　　　2 can　　　3 Math

4 weekend　　5 foot

C. Unscramble

1 test, 시험, 검사, 검사하다

2 shirt, 셔츠

3 piano, 피아노

4 decide, 결심하다, 결정하다

5 autumn, 가을

Check Check A

1 deep　　　2 hour　　　3 away

4 football　　5 candy

Check Check B

1 weight　　2 shoe　　3 pick

4 textbook　　5 may

A. Korean to English

1 shoe　　2 may　　3 deep

4 weight　　5 away　　6 hour

7 candy　　8 pick　　9 footb

10 textbook

B. Missing Words

1 deep　　2 football　　3 textb

4 candy　　5 shoe

C. Crossword

	3		4		
	a		p		5
1 w	e	i	g	h	t
	a		c		o
2 m a	y		k		u
					r

Check Check A

1 delicious 2 cap 3 baby

4 house 5 for

Check Check B

1 shop 2 picture 3 meat

4 welcome 5 than

A. Korean to English

1 delicious 2 picture 3 baby

4 shop 5 house 6 cap

7 meat 8 welcome 9 for

10 than

B. Missing Words

1 than 2 house 3 delicious

4 meat 5 picture

C. Word Search

```
w e l c o m e
d t d f o r w
i u b b a g s
h k e a h d h
k w q b e s o
c a p y t b p
```

1 welcome
2 for
3 cap
4 baby
5 shop

Check Check A

1 forest 2 car 3 how

4 back 5 design

Check Check B

1 pig 2 short 3 medal

4 well 5 thank

A. Korean to English

1 short 2 back 3 thank

4 forest 5 medal 6 design

7 well 8 how 9 car

10 pig

B. Missing Words

1 how 2 car 3 well

4 pig 5 forest

C. Unscramble

1 back, 뒤로, 다시 돌아가서, 뒤쪽, 등

2 short, 짧은, 키가 작은

3 thank, 감사하다, 고마워하다

4 medal, 메달

5 design, 디자인하다, 설계하다

정답

DAY 49

Check Check A

1 desk 2 bad 3 forget

4 card 5 However

Check Check B

1 that 2 should 3 west

4 pilot 5 meet

A. Korean to English

1 west 2 desk 3 meet

4 card 5 that 6 pilot

7 bad 8 however 9 should

10 forget

B. Missing Words

1 forget 2 card 3 should

4 bad 5 However

C. Crossword

```
4
p              5  d e s k
i           m
l   2 w e s t
o           e
3 t h a t
```

DAY 50

Check Check A

1 dialogue/dialog 2 human 3 care

4 badminton 5 fork

Check Check B

1 wet 2 show 3 pink

4 member 5 the

A. Korean to English

1 pink 2 fork 3 wet

4 care 5 member 6 the

7 badminton 8 human 9 show

10 dialogue/dialog

B. Missing Words

1 human 2 the 3 badm

4 dialogue 5 member

C. Word Search

1 show
2 fork
3 wet
4 pink
5 care

DAY 51

Check Check A

1 hundred 2 die 3 carrot
4 bag 5 form

Check Check B

1 there 2 pizza 3 shy
4 memory 5 what

A. Korean to English

1 hundred 2 there 3 form
4 pizza 5 carrot 6 shy
7 die 8 memory 9 bag
10 what

B. Missing Words

1 form 2 bag 3 Pizza
4 hundred 5 shy

C. Unscramble

1 die, 죽다
2 what, 어떤, 무슨, 몇, 무엇
3 there, 저기에, 그곳에
4 carrot, 당근
5 memory, 기억, 추억

DAY 52

Check Check A

1 difficult 2 four 3 bake
4 hunt 5 carry

Check Check B

1 middle 2 sick 3 when
4 they 5 place

A. Korean to English

1 hunt 2 they 3 carry
4 four 5 place 6 sick
7 bake 8 middle 9 when
10 difficult

B. Missing Words

1 middle 2 They 3 place
4 difficult 5 sick

C. Crossword

			4				
	5		w				
	c	1	h	u	n	t	
2	b	a	k	e			
	r		n				
	r	3	f	o	u	r	
	y						

DAY 53

Check Check A

1 case 2 dinner 3 ball
4 fox 5 hurry

Check Check B

1 thing 2 side 3 plan
4 where 5 might

A. Korean to English

1 side 2 case 3 where
4 plan 5 dinner 6 fox
7 thing 8 might 9 ball
10 hurry

B. Missing Words

1 might 2 thing 3 dinner
4 Where 5 hurry

C. Word Search

```
u  i  c  u  w  z  d
j  t  s  h  f  i  q
g  b  i  c  a  s  e
f  a  d  j  f  o  x
f  l  e  p  b  s  o
p  l  a  n  c  c  i
```

1 case
2 fox
3 plan
4 ball
5 side

DAY 54

Check Check A

1 husband 2 discuss 3 free
4 banana 5 cash

Check Check B

1 think 2 white 3 milk
4 sing 5 plastic

A. Korean to English

1 sing 2 free 3 plasti-
4 white 5 cash 6 husbc
7 think 8 banana 9 milk
10 discuss

B. Missing Words

1 white 2 free 3 husbc
4 plastic 5 banana

C. Unscramble

1 sing, 노래하다
2 milk, 우유
3 cash, 현금
4 think, 생각하다
5 discuss, 논의하다, 상의하다

DAY 55

Check Check A

1 cat   2 do   3 eleven

4 bank   5 fresh

Check Check B

1 Who   2 play   3 third

4 sister   5 mind

A. Korean to English

1 eleven   2 do   3 third

4 cat   5 play   6 bank

7 sister   8 mind   9 who

10 fresh

B. Missing Words

1 sister   2 do   3 Who

4 eleven   5 bank

C. Crossword

4
c   5 1 **p l a y** y

a   m

t **h i r d**

n   3 **f r e s h**

d

DAY 56

Check Check A

1 doctor   2 catch   3 friend

4 ice   5 base

Check Check B

1 thirsty   2 six   3 miss

4 please   5 why

A. Korean to English

1 please   2 friend   3 thirsty

4 catch   5 miss   6 six

7 doctor   8 ice   9 why

10 base

B. Missing Words

1 friend   2 please   3 doctor

4 catch   5 thirsty

C. Word Search

1 ice

2 why

3 base

4 miss

5 six

DAY 57

Check Check A

1 from   2 baseball   3 idea

4 center   5 dog

Check Check B

1 thirteen   2 wife   3 model

4 sit   5 point

A. Korean to English

1 point   2 from   3 thirteen

4 sit   5 center   6 idea

7 wife   8 baseball   9 model

10 dog

B. Missing Words

1 idea   2 dog   3 thirteen

4 sit   5 baseball

C. Unscramble

1 wife, 아내, 와이프

2 from, ~로부터, ~에서

3 point, 가리키다, 요점, 주요 의견

4 model, 모델, 모형

5 center, 중심, 중앙, 가운데

DAY 58

Check Check A

1 certain   2 front   3 doll

4 basket   5 if

Check Check B

1 thirty   2 police   3 will

4 size   5 money

A. Korean to English

1 police   2 front   3 thirty

4 basket   5 money   6 certa

7 will   8 if   9 doll

10 size

B. Missing Words

1 police   2 certain   3 front

4 will   5 If

C. Crossword

```
          3              4
 1  b  a  s  k  e  t
          i              h
    5                    i
    d     z              r
 2  m  o  n  e  y        r
    l                    t
    l                    y
```

DAY 59

Check Check A

1 door　　2 chair　　3 fruit

4 basketball　　5 image

Check Check B

1 win　　2 this　　3 monkey

4 poor　　5 skate

A. Korean to English

1 fruit　　2 skate　　3 basketball

4 win　　5 monkey　　6 poor

7 door　　8 this　　9 image

10 chair

B. Missing Words

1 basketball　　2 chair　　3 skate

4 monkey　　5 image

C. Word Search

1 door
2 win
3 fruit
4 this
5 poor

DAY 60

Check Check A

1 full　　2 double　　3 bat

4 chance　　5 in

Check Check B

1 three　　2 month　　3 wind

4 ski　　5 potato

A. Korean to English

1 wind　　2 double　　3 three

4 ski　　5 bat　　6 full

7 potato　　8 chance　　9 month

10 in

B. Missing Words

1 chance　　2 Bat　　3 in

4 wind　　5 ski

C. Unscramble

1 full, 가득 찬, 배부른

2 three, 3, 셋

3 month, 달(월), 개월

4 potato, 감자

5 double, 두 배, 두 배의, 두 개의, 두 배로 만들다

363

DAY 61

Check Check A

1 doughnut/donut   2 fun   3 change

4 inside   5 bath

Check Check B

1 ticket   2 power   3 window

4 skin   5 moon

A. Korean to English

1 skin   2 inside   3 bath

4 window   5 fun   6 moon

7 doughnut/donut   8 ticket   9 change

10 power

B. Missing Words

1 doughnut   2 ticket   3 inside

4 skin   5 bath

C. Crossword

```
                          3
                    4     m
              5     p     o
              f     o     o
        u  1  w  i  n  d  o  w
  2  c  h  a  n  g  e
                    r
```

DAY 62

Check Check A

1 down   2 Internet   3 future

4 be   5 cheap

Check Check B

1 tiger   2 present   3 wine

4 morning   5 skirt

A. Korean to English

1 present   2 future   3 tiger

4 cheap   5 morning   6 inter

7 wine   8 be   9 skirt

10 down

B. Missing Words

1 morning   2 cheap   3 futur

4 present   5 Internet

C. Word Search

```
y  d  w  d  o  w  n
j  p  i  m  s  i  d
s  l  n  q  k  j  h
x  v  e  g  i  u  o
t  i  g  e  r  p  j
b  e  d  n  t  n  h
```

1 down

2 tige

3 be

4 wine

5 skir

364

DAY 63

Check Check A

1 check 2 into 3 game

4 beach 5 draw

Check Check B

1 sky 2 pretty 3 winter

4 mother 5 time

A. Korean to English

1 sky 2 beach 3 mother

4 winter 5 game 6 draw

7 time 8 check 9 into

10 pretty

B. Missing Words

1 pretty 2 check 3 sky

4 draw 5 time

C. Unscramble

1 into, ~안으로, ~으로

2 game, 게임, 경기

3 beach, 바닷가, 해변

4 winter, 겨울

5 mother, 어머니, 엄마

DAY 64

Check Check A

1 garden 2 dream 3 bear

4 cheese 5 introduce

Check Check B

1 sleep 2 prince 3 tire

4 mountain 5 wish

A. Korean to English

1 wish 2 introduce 3 dream

4 sleep 5 cheese 6 prince

7 bear 8 tire 9 garden

10 mountain

B. Missing Words

1 wish 2 mountain 3 introduce

4 cheese 5 prince

C. Crossword

```
            4
            g       5
            a       s
1 b e a r       l
          2 d r e a m
3 t i r e       e
            n       p
```

DAY 65

Check Check A

1 gas   2 chicken   3 invite

4 dress   5 beauty

Check Check B

1 to   2 print   3 with

4 mouse   5 slow

A. Korean to English

1 print   2 dress   3 to

4 chicken   5 with   6 invite

7 slow   8 beauty   9 mouse

10 gas

B. Missing Words

1 print   2 mouse   3 chicken

4 invite   5 beauty

C. Word Search

g	x	f	r	r	g	q
a	r	g	v	d	z	b
s	l	o	w	r	h	l
m	t	o	i	e	n	d
d	v	e	t	s	h	o
o	h	y	h	s	j	q

1 slow
2 to
3 gas
4 with
5 dress

DAY 66

Check Check A

1 issue   2 drink   3 becau

4 gentleman   5 child

Check Check B

1 mouth   2 program   3 woma

4 today   5 small

A. Korean to English

1 child   2 small   3 issue

4 woman   5 drink   6 progr

7 gentleman   8 today   9 becau

10 mouth

B. Missing Words

1 Today   2 child   3 mouth

4 gentleman   5 because

C. Unscramble

1 small, 작은

2 issue, 쟁점, 문제, 사안

3 drink, 마시다, 마실 것

4 woman, 여자, 여성

5 program, 프로그램

Check Check A

1 drive　　2 it　　3 become

4 chocolate　　5 get

Check Check B

1 smell　　2 together　　3 move

4 problem　　5 wood

A. Korean to English

1 together　　2 move　　3 chocolate

4 smell　　5 it　　6 get

7 become　　8 problem　　9 wood

10 drive

B. Missing Words

1 together　　2 smell　　3 problem

4 it　　5 chocolate

C. Crossword

```
                      3
                      m
  4        5          o
  g        w          v
b e c o m e           e
  t        o
        2 d r i v e
```

Check Check A

1 drop　　2 jacket　　3 choose

4 girl　　5 bed

Check Check B

1 smile　　2 word　　3 tomato

4 movie　　5 project

A. Korean to English

1 tomato　　2 girl　　3 project

4 choose　　5 smile　　6 bed

7 movie　　8 drop　　9 word

10 jacket

B. Missing Words

1 project　　2 choose　　3 movie

4 tomato　　5 jacket

C. Word Search

1 word
2 girl
3 drop
4 bed
5 smile

DAY 69

Check Check A

1 church 2 give 3 bee
4 jam 5 drum

Check Check B

1 puppy 2 snow 3 much
4 tomorrow 5 work

A. Korean to English

1 church 2 snow 3 jam
4 work 5 drum 6 much
7 give 8 tomorrow 9 bee
10 puppy

B. Missing Words

1 puppy 2 Tomorrow 3 bee
4 jam 5 work

C. Unscramble

1 give, 주다

2 snow, 눈, 눈이 오다

3 much, 매우, 대단히, 많이, (양이) 많은

4 drum, 북, 드럼

5 church, 교회

DAY 70

Check Check A

1 dry 2 beef 3 job
4 circle 5 glad

Check Check B

1 world 2 tonight 3 so
4 push 5 music

A. Korean to English

1 music 2 beef 3 world
4 dry 5 tonight 6 glad
7 so 8 job 9 push
10 circle

B. Missing Words

1 world 2 dry 3 job
4 tonight 5 so

C. Crossword

```
      4           5
      p           c
1  m  u  s  i  c
      s     r  2  b  e  e
      h        c
      3  g  l  a  d
               e
```

Check Check A

1 before　　2 duck　　3 glass

4 city　　5 join

Check Check B

1 worry　　2 too　　3 soccer

4 put　　5 must

A. Korean to English

1 duck　　2 join　　3 soccer

4 before　　5 put　　6 worry

7 city　　8 must　　9 too

10 glass

B. Missing Words

1 worry　　2 soccer　　3 too

4 glass　　5 before

C. Word Search

1 join
2 put
3 must
4 city
5 duck

Check Check A

1 go　　2 during　　3 class

4 begin　　5 juice

Check Check B

1 teeth　　2 write　　3 sock

4 queen　　5 name

A. Korean to English

1 go　　2 write　　3 begin

4 name　　5 sock　　6 queen

7 class　　8 tooth　　9 juice

10 during

B. Missing Words

1 queen　　2 go　　3 tooth

4 class　　5 name, name

C. Unscramble

1 sock, 양말

2 write, 쓰다, 적다

3 juice, 주스, 액, 즙을 내다

4 begin, 시작하다

5 during, ~동안

369

정답

DAY 73

Check Check A

1 ear 2 goal 3 jump

4 behind 5 clean

Check Check B

1 question 2 soft 3 nation

4 top 5 wrong

A. Korean to English

1 goal 2 soft 3 wrong

4 nation 5 behind 6 top

7 clean 8 jump 9 ear

10 question

B. Missing Words

1 question 2 jump 3 wrong

4 behind 5 goal

C. Crossword

```
                    5
                    c
        4
        s           l
1 t  o  p  2 e  a  r
        f           a
3 n  a  t  i  o  n
```

DAY 74

Check Check A

1 clear 2 early 3 god

4 just 5 believe

Check Check B

1 year 2 touch 3 quiet

4 nature 5 software

A. Korean to English

1 touch 2 early 3 quie

4 clear 5 software 6 just

7 year 8 believe 9 natu

10 god

B. Missing Words

1 early 2 believe 3 natu

4 quiet 5 software

C. Word Search

```
f  p  x  l  v  c  v
j  y  w  n  b  l  h
u  f  k  f  b  e  d
s  g  t  e  y  a  z
t  o  u  c  h  r  t
k  d  p  y  e  a  r
```

1 tou
2 yea
3 jus
4 god
5 cle

Check Check A

1 clever 2 gold 3 keep
4 earth 5 bell

Check Check B

1 town 2 some 3 near
4 quick 5 yellow

A. Korean to English

1 some 2 earth 3 near
4 yellow 5 bell 6 gold
7 town 8 clever 9 keep
10 quick

B. Missing Words

1 some 2 bell 3 town
4 near 5 gold

C. Unscramble

1 keep, 계속하다, (상태를) 유지하다, 보관하다

2 quick, 빠른

3 earth, 지구

4 clever, 영리한, 똑똑한

5 yellow, 노란색, 노란색의

Check Check A

1 climb 2 key 3 east
4 below 5 good

Check Check B

1 toy 2 neck 3 quiz
4 Yes 5 son

A. Korean to English

1 quiz 2 climb 3 yes
4 key 5 east 6 good
7 neck 8 below 9 toy
10 son

B. Missing Words

1 good 2 neck 3 quiz
4 climb 5 below

C. Crossword

		5			
1	k	e	y		
		a	2 s	o	n
3 y	e	s			
	4 t	o	y		

DAY 77

Check Check A

1 Goodbye 2 eat 3 clock
4 kick 5 belt

Check Check B

1 song 2 yesterday 3 track
4 need 5 rabbit

A. Korean to English

1 song 2 goodbye 3 yesterday
4 clock 5 need 6 kick
7 rabbit 8 belt 9 track
10 eat

B. Missing Words

1 rabbit 2 goodbye 3 clock
4 track 5 yesterday

C. Word Search

b	m	o	d	b	m	e
k	i	c	k	e	e	z
p	p	z	s	l	a	o
o	o	n	o	t	t	b
g	s	s	n	e	e	d
x	c	q	g	b	r	o

1 kick
2 need
3 song
4 belt
5 eat

DAY 78

Check Check A

1 egg 2 kid 3 beside
4 close 5 grandfather

Check Check B

1 train 2 Never 3 you
4 sorry 5 race

A. Korean to English

1 train 2 kid 3 close
4 sorry 5 egg 6 beside
7 race 8 grandfather 9 you
10 never

B. Missing Words

1 You 2 kid 3 grandfa
4 race 5 egg

C. Unscramble

1 train, 기차, 훈련하다
2 close, 닫다, 가까운, 친한
3 sorry, 미안한, 유감스러운
4 never, 결코 ~않다
5 beside, ~옆에

DAY 79

1 clothes 　　2 grape 　　3 between
4 eight 　　5 kill

1 sound 　　2 travel 　　3 young
4 new 　　5 radio

A. Korean to English

1 radio 　　2 young 　　3 clothes
4 grape 　　5 sound 　　6 kill
7 travel 　　8 eight 　　9 new
10 between

B. Missing Words

1 between 　　2 travel 　　3 kill
4 clothes 　　5 young

C. Crossword

			4			
e	i	g	h	t	5	
			r		s	
2	r	a	d	i	o	
			p		u	
3	n	e	w		n	
					d	

DAY 80

1 cloud 　　2 grass 　　3 big
4 elephant 　　5 kind

1 news 　　2 zoo 　　3 rain
4 tree 　　5 soup

A. Korean to English

1 soup 　　2 big 　　3 kind
4 zoo 　　5 grass 　　6 elephant
7 news 　　8 tree 　　9 cloud
10 rain

B. Missing Words

1 soup 　　2 elephant 　　3 grass
4 news 　　5 kind

C. Word Search

1 tree
2 zoo
3 rain
4 cloud
5 big

373

I. 숫자(Numbers)

기수			
1	one	11	eleven
2	two	12	twelve
3	three	13	thirteen
4	four	14	fourteen
5	five	15	fifteen
6	six	16	sixteen
7	seven	17	seventeen
8	eight	18	eighteen
9	nine	19	nineteen
10	ten	20	twenty

기수			
10	ten	0	zero
20	twenty	21	twenty-one
30	thirty	32	thirty-two
40	forty	43	forty-three
50	fifty	54	fifty-four
60	sixty	65	sixty-five
70	seventy	76	seventy-six
80	eighty	87	eighty-seven
90	ninety	98	ninety-eight
100	hundred	1000	thousand

```
e.g. 94 ninety-four
    835 eight hundred thirty-five
    6,581 six thousand five hundred eighty-one
    72,243 seventy-two thousand two hundred forty-three
```

서수			
1st	first	11th	eleventh
2nd	second	12th	twelfth
3rd	third	13th	thirteenth
4th	fourth	14th	fourteenth
5th	fifth	15th	fifteenth
6th	sixth	16th	sixteenth
7th	seventh	17th	seventeenth
8th	eighth	18th	eighteenth
9th	ninth	19th	nineteenth
10th	tenth	20th	twentieth

서수			
10th	ten		
20th	twentieth	21st	twenty-first
30th	thirtieth	32nd	thirty-second
40th	fortieth	43rd	forty-third
50th	fiftieth	54th	fifty-fourth
60th	sixtieth	65th	sixty-fifth
70th	seventieth	76th	seventy-sixth
80th	eightieth	87th	eighty-seventh
90th	ninetieth	98th	ninety-eighth
100th	hundredth	1000th	thousandth

2. 시간(Time)

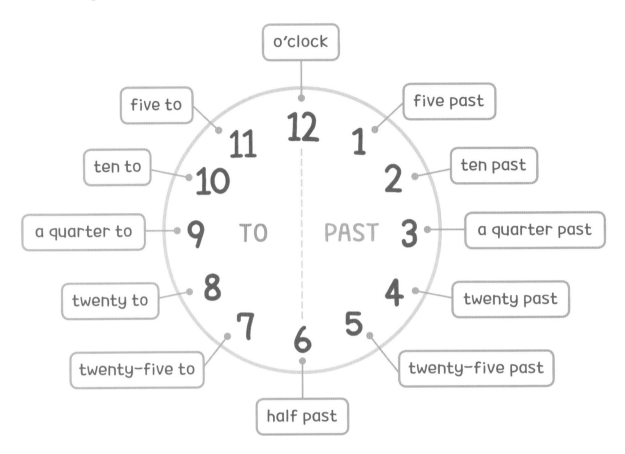

쓸 때	읽을 때
It's 3:10.	It's three ten. (혹은) It's <u>ten past three.</u>
It's 3:15.	It's three fifteen. (혹은) It's <u>a quarter past three.</u>
It's 3:30.	It's three thirty. (혹은) It's <u>half past three.</u>
It's 3:40.	It's three forty. (혹은) It's <u>twenty to four.</u>
It's 3:55.	It's three fifty-five. (혹은) It's <u>five to four.</u>

3. 요일 (Days of the Week)

January 2024

Sunday 일요일	Monday 월요일	Tuesday 화요일	Wednesday 수요일	Thursday 목요일	Friday 금요일	Saturday 토요일
	1	2	3	4	5	6
7	8	9	10	11	12	13
14	15	16	17	18	19	20
21	22	23	24	25	26	27
28	29	30	31			

4. 월(Months)

5. 계절 (Seasons)

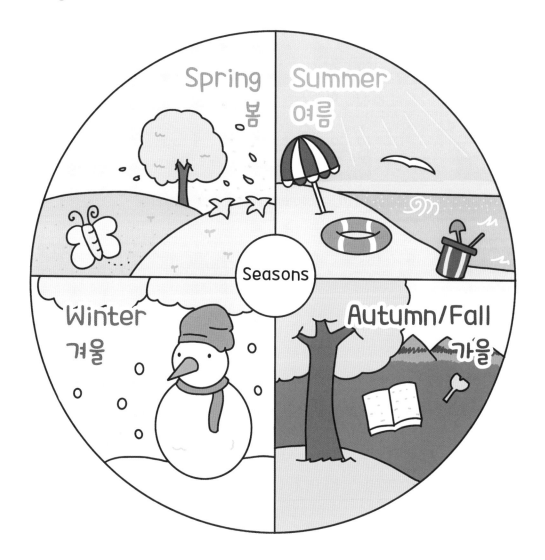

6. 색깔(Colors)

Black 검정색

Blue 파란색

Brown 갈색

Gray 회색

Green 초록색

Navy blue 네이비색

Orange 오렌지색

Pink 핑크색

Purple 자주색

Yellow 노란색

Red 빨간색

White 흰색

7. 동서남북(Cardinal Points)

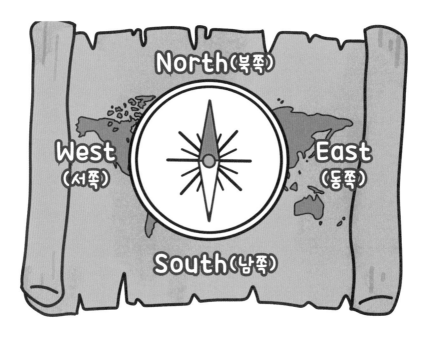

North(북쪽)
West (서쪽)
East (동쪽)
South(남쪽)

8. 장소 전치사(Prepositions of Place)

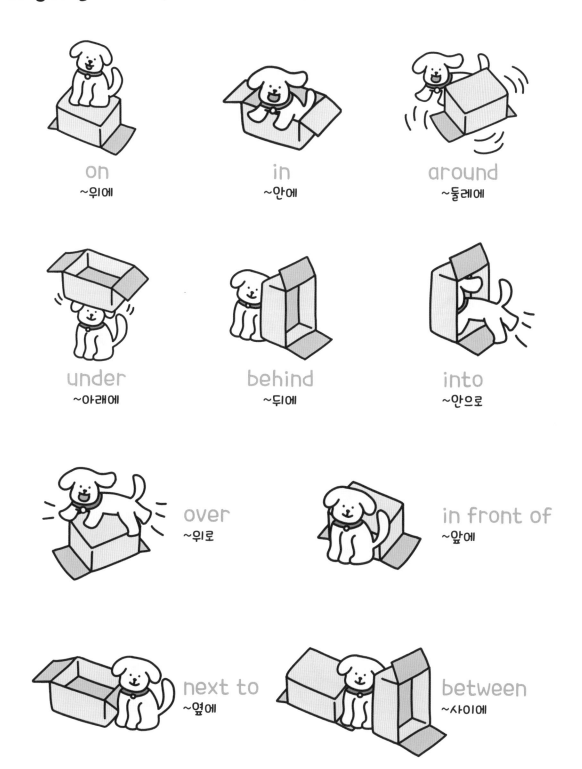

on
~위에

in
~안에

around
~둘레에

under
~아래에

behind
~뒤에

into
~안으로

over
~위로

in front of
~앞에

next to
~옆에

between
~사이에

9. 신체(Body Parts)

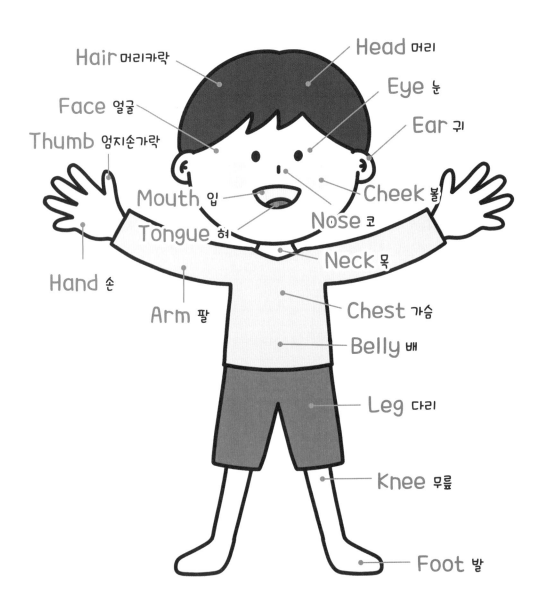

Hair 머리카락

Head 머리

Face 얼굴

Eye 눈

Thumb 엄지손가락

Ear 귀

Mouth 입

Cheek 볼

Tongue 혀

Nose 코

Neck 목

Hand 손

Arm 팔

Chest 가슴

Belly 배

Leg 다리

Knee 무릎

Foot 발

10. 가족 관계(Family Tree)

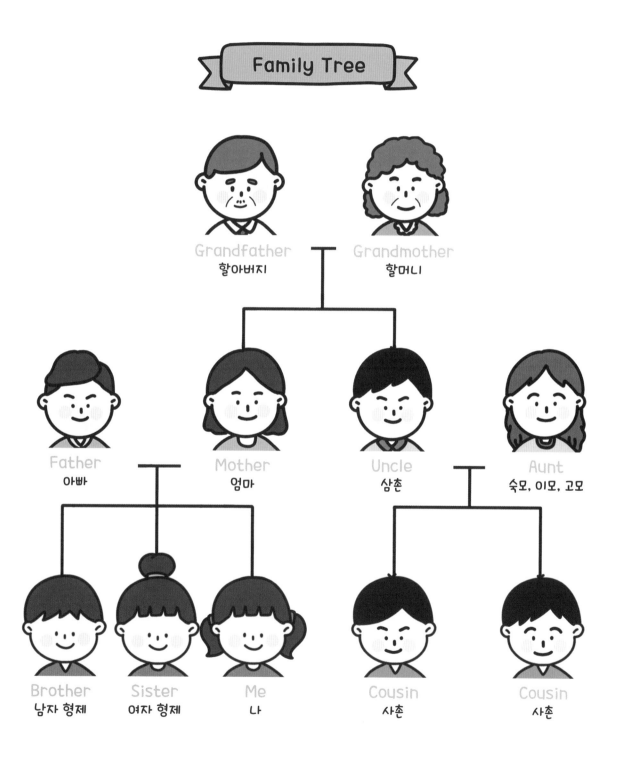

Family Tree

Grandfather
할아버지

Grandmother
할머니

Father
아빠

Mother
엄마

Uncle
삼촌

Aunt
숙모, 이모, 고모

Brother
남자 형제

Sister
여자 형제

Me
나

Cousin
사촌

Cousin
사촌

반드시 알아야 할
초등 영단어 800

초판 1쇄 발행 2024년 1월 25일
초판 2쇄 발행 2024년 2월 1일

지은이 박병륜
그린이 정예림 하선영 하지수
펴낸곳 믹스커피
펴낸이 오운영
경영총괄 박종명
편집 최윤정 김형욱 이광민 김슬기
디자인 윤지예 이영재
마케팅 문준영 이지은 박미애
디지털콘텐츠 안태정
등록번호 제2018-000146호(2018년 1월 23일)
주소 04091 서울시 마포구 토정로 222 한국출판콘텐츠센터 319호 (신수동)
전화 (02)719-7735 | **팩스** (02)719-7736
이메일 onobooks2018@naver.com | **블로그** blog.naver.com/onobooks2018
값 22,000원
ISBN 979-11-7043-490-0 63740